HANS-JÜRGEN RUPPERT

ROSENKREUZER

HANS-JÜRGEN
RUPPERT

ROSENKREUZER

DIEDERICHS KOMPAKT

Bibliografische Information der Deutschen Bibliothek

Die Deutsche Bibliothek verzeichnet diese Publikation in der Deutschen Nationalbibliografie; detaillierte bibliografische Daten sind im Internet unter http://dnb.ddb.de abrufbar.

Textredaktion: Andrea Fausel
Umschlaggestaltung: Die Werkstatt München / Weiss · Zembsch
Produktion: Ortrud Müller
Satz: EDV-Fotosatz Huber/Verlagsservice G. Pfeifer, Germering
Druck und Bindung: Druckerei Huber, Garching-Hochbrück
Printed in Germany

ISBN 3-7205-2533-3

INHALT

Kastentexte

EINFÜHRUNG

Um die Rosenkreuzer ranken sich seit jeher zahlreiche Gerüchte und Legenden. Handelt es sich um einen Geheimbund oder um eine freimaurerähnliche Vereinigung? Gibt es überhaupt »die« Rosenkreuzer, oder muss man ganz unterschiedliche Strömungen und Gruppen unterscheiden, um ein zutreffendes Bild von der Wirklichkeit des Rosenkreuzertums zu gewinnen?

Bei kaum einem anderen Thema ist es so schwierig, Fakten von Legenden zu unterscheiden. Darum ist es um so wichtiger, den Ursprüngen des Rosenkreuzertums auf die Spur zu kommen. Steht am Beginn eine reale historische Person oder Gruppe oder ein Mythos – oder vielleicht beides: eine Person oder Gruppe, die einen Mythos erfand, eine »Geschichte«, die dann in der Realität wirksam wurde bis in unsere Gegenwart?

Auf den folgenden Seiten soll daher zunächst die Entstehungsgeschichte des Rosenkreuzertums in ihren Umrissen dargestellt werden. Der Mythos der Rosenkreuzer spielt in der Geistesgeschichte der letzten 400 Jahre immer wieder eine erstaunliche Rolle: Der Leser kann sich auf viele Überraschungen gefasst machen. Zahlreiche bekannte Personen der Kulturgeschichte, Dichter und Denker, Künstler und Politiker, aber auch eher fragwürdige Gestalten, Scharlatane und Verbrecher, hatten Kontakt zum Rosenkreuzertum oder waren sogar selbst Mitglied in einer rosenkreuzerischen Gruppierung. Von diesen historischen Wurzeln ausgehend sollen dann auch die heute noch aktiven Rosenkreuzer-Gemeinschaften in den Blick genommen werden – ihre Organisationsformen und Ziele, ihr Verhältnis zur modernen Esoterik.

Das Rosenkreuzertum hat sich in der Geschichte jedoch nie in solchen Gruppenbildungen erschöpft, sondern steht für einen geistigen Impuls, der weit darüber hinaus geht. Dieser Impuls hat die geistigen Traditionen der westlichen Welt stärker beeinflusst, als man auf den ersten Blick annehmen könnte. Zum Schluss soll daher gefragt werden, welche Anstöße die Erinnerung an das Rosenkreuzertum heute vermitteln könnte.

DIE URSPRUNGSLEGENDE

Allgemeine und General Reformation der gantzen weiten Welt – unter diesem Titel erschien vier Jahre vor Ausbruch des Dreißigjährigen Krieges eine Satire, die alle nur äußerlichen Reformen zur Welt- und Menschheitsverbesserung ins Lächerliche zieht (siehe Kastentext S. 14).

Diesem heute vergessenen Werk hat der Herausgeber ein 36-seitiges Manifest angefügt, das einen ernsthafteren Ton anschlägt. Das Thema einer Reform von Wissenschaft, Religion, Kultur und Gesellschaft wird darin auf so originelle und tief gehende Weise behandelt, dass diese Denkschrift bis in die Gegenwart immer wieder Anlass zu literarischen Diskussionen bildet. Zu Recht hat man festgestellt, dass sie einst im Mittelpunkt »einer der wirkmächtigsten, von Intellektuellen getragenen Reformbewegung« des Protestantismus stand.[1] Ihr Titel lautet: *Fama Fraternitatis, Deß Löblichen Ordens des Rosenkreutzes / an alle Gelehrte und Häupter Europae geschrieben*[2], im Folgenden kurz *Fama* genannt.

Mit diesem an die europäischen Regierungen und Wissenschaftler gerichteten Manifest tritt im Jahr 1614 erstmals in der Geschichte ein »Orden« des Rosenkreuzes öffentlich in Erscheinung.[3] Die *Fama* bietet zugleich die Ursprungslegende des Rosenkreuzerordens, auf die gleich zurückzukommen sein wird. Das Interesse war so groß, dass schon bald nach ihrem Erscheinen mehrere Nachdrucke erfolgten und zwei weitere Rosenkreuzerschriften, ebenfalls anonym, veröffentlicht wurden: 1615 die *Confessio Fraternitatis*, das heißt »Bekenntnis der Bruderschaft«, und 1616 die *Chymische Hochzeit: Christiani Rosencreütz.*[4]

Allgemeine vnd General
REFORMATION,
der gantzen weiten Welt.
Beneben der
FAMA FRA-
TERNITATIS,
Deß Löblichen Ordens des
Rosenkreutzes / an alle Gelehrte
vnd Häupter Europæ geschrie-
ben.
Auch einer kurtzen RESPONSION,
von dem Herrn Haselmeyer gestellet / welcher
deßwegen von den Jesuitern ist gefänglich ein-
gezogen / vnd auff eine Galleren ge-
schmiedet:
Jetzo öffentlich in Druck verfertiget /
vnd allen trewen Hertzen communiciret
worden.
Gedruckt zu Cassel / durch Wilhelm Wessell /
ANNO M. DC. XIV.

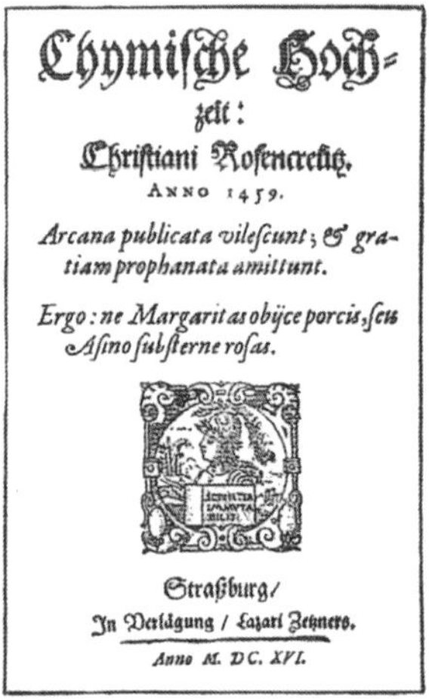

Chymische Hoch-
zeit:
Christiani Rosencreütz.
ANNO 1459.
Arcana publicata vilescunt; & gratiam prophanata amittunt.
Ergo: ne Margaritas obijce porcis, seu Asino substerne rosas.
Straßburg /
In Verlägung / Lazari Zetzners.
Anno M. DC. XVI.

Titelseiten der ersten Rosenkreuzer-Schriften

Die *Fama Fraternitatis*, das heißt die Kunde der Bruderschaft der Rosenkreuzer, beginnt mit den Worten: »*Wihr die Brüder der Fraternitet des R. C. [= Rosen Creutz] Entbieten allen und jeden, so diese unsere Famam Christlicher meynung lesen, unsern Gruß, Liebe und Gebett.*« [5]

Wer sich von diesem altertümlichen Deutsch nicht abschrecken lässt, stößt beim Weiterlesen auf eine Thematik, deren fortdauernde Aktualität man gerade in unseren Tagen einer biotechnischen Revolution nicht besonders betonen muss: Die Brüder vom Orden des Rosenkreuzes beklagen im Folgenden nämlich, dass sich trotz des immensen Fortschritts der Wissenschaften und der technischen Möglichkeiten – sie schreiben immerhin als Zeitgenossen eines Kepler, eines Galilei und eines Bacon! – Philosophie und Ethik auf einem weit zurückgebliebenen Stand befinden. Heute würde man sagen, sie beklagen ein Defizit an normativer Philosophie. Durch den kopernikanischen Schock ist das menschliche Selbstverständnis stark angeschlagen.

Gleichzeitig aber ruft ein Innovationsschub an neuen, experimentellen Methoden in den Naturwissenschaften eine Vorahnung von der heutigen, in der Menschheitsgeschichte einzigartigen Naturbeherrschung, technischen Verfügbarkeit und darauf gründenden wirtschaftlichen Macht hervor. Zwischen technischem Fortschritt und ethischer Lebensbewältigung ist eine gefährliche Disharmonie entstanden. Schwere politische und soziale Konflikte in der Welt sind die Folge.

Aber die Brüder vom Rosenkreuzer-Orden wissen Abhilfe. Sie rufen die Gelehrten und Herrscher Europas auf, Maßnahmen zu der notwendigen »General Reformation« der Lebensverhältnisse zu ergreifen. Bereits der Gründer und das Haupt ihres Ordens – ein gewisser »Vatter C. R. C.«, das heißt Christian Rosencreutz – habe sich um eine solche neue Reformation bemüht. Diese solle sich – weit über die Kirchenlehre hinaus – auf das gesamte, von den gewaltigen Umwälzungen in Wissenschaft und Technik betroffene gesellschaftliche und kulturelle Leben erstrecken.

DIE LEGENDE VON CHRISTIAN ROSENCREUTZ

Christian Rosencreutz lebte der Legende nach von 1378 bis 1484. Nachdem seine adligen Eltern ihn schon als Kind in einem Kloster untergebracht hatten, wird er eines Tages einem Bruder zur Reise ins Heilige Land mitgegeben. Als dieser unterwegs stirbt, kehrt der junge Rosencreutz allerdings nicht um, sondern lernt Arabisch und betreibt im Jemen, in Ägypten und in Fez naturwissenschaftliche Studien. Er lernt die Magie und Kabbala kennen und übersetzt den *Liber Mundi*, das die gesamte Naturerkenntnis enthaltende »Buch der Welt«, ins Lateinische. Seitdem befindet er sich im Besitz »unfehlbarer axiomata« oder sicherer Fundamente für die Wissenschaft, die – laut *Fama* – ihre Gültigkeit bis zum Jüngsten Tag behalten sollen.

Auf dem Rückweg nach Deutschland bespricht er sich in Spanien mit den Gelehrten Europas darüber, was den Wissenschaften fehle und wie Kirche und Philosophie mit Hilfe seiner im Orient gewonnenen Erkenntnisse »moralisch zu verbessern« seien.

Enttäuscht über die fehlende Resonanz unter den Gelehrten zieht sich Christian Rosencreutz zu wissenschaftlichen Studien für fünf Jahre ins Privatleben zurück (wie man heute sagen würde) und gründet danach zusammen mit drei Mitbrüdern eine zunächst geheime Gesellschaft: die »Brüderschafft des R. C. [= Rosen Creutz]«. Die ersten Mitglieder dieser gelehrten Sozietät befassen sich mit literarischen Studien, vor allem mit dem *Liber Mundi*, dem »Buch der Welt«, in dem auch Paracelsus zu lesen vermochte.

Dieses geheimnisvolle Buch repräsentiert in der Legende eine Erkenntnisweise, die es erlaubt, das »Licht der Natur« zu schauen. Das heißt, die Natur nicht als totes Objekt zu betrachten, sondern ihrem Licht im Bewusstsein Raum zu geben, damit sie sich im Menschen selbst erkennen kann. In der äußeren Kreatur ist nämlich die »Signatur« ihres unsichtbaren Schöpfers zu erkennen. Biblisch-theologische und hermetisch-philosophische, auf die berühmte Platonische Akademie von Florenz zurückgehende Denkweisen gehen in dieser spirituellen Kosmologie der Ursprungslegende eine Verbindung ein. Diese auch Pansophie genannte Denkweise bildet die Grundlage der beabsichtigten moralischen Verbesserung von Wissenschaft und Gesellschaft im rosenkreuzerischen Sinn. Diese geht damit weit über einen oberflächlichen Reformprozess hinaus und strebt die »General Reformation« aller Lebensverhältnisse an. Es ist ein Denken, bei dem die Ehrfurcht des Forschers vor dem Kreatürlichen nicht erst – wenn überhaupt – bei der »Menschenwürde« anfängt. Vielmehr wird auch die außermenschliche Kreatur mit einbezogen und alles in den größeren Zusammenhang von Mikro- und Makrokosmos gestellt – gemäß der Lehre der Hermetischen Philosophie oder der Alchemie und ihren Vorstellungen über die Einheit alles Geschaffenen und seinen Entsprechungen.

Doch die Gesellschaft der Rosenkreuzer sollte nicht für immer geheim bleiben. Als die Arbeit immer umfangreicher wird, kommen vier weitere Ordensleute dazu. In den neuen Statuten wird festgelegt, dass die Geheimhaltung des Ordens auf 100 Jahre begrenzt bleiben solle. Bis dahin sollten sich alle Brüder ausschließlich und ohne Entgelt der Krankenheilung, als Werk christlicher Nächstenliebe im Sinne der »General Reformation« des Lebens, widmen.

1484, zu der Zeit also, als der Reformator Martin Luther geboren wurde, schloss Christian Rosencreutz im biblischen Alter von 106 Jahren für immer die Augen. Die Legende bringt nun das erstmalige Bekanntwerden der Rosenkreuzer in der Öffentlichkeit mit der Wiederauffindung und Öffnung seines Grabes im Jahre 1604 in Verbindung.

Nachdem die Bruderschaft 120 Jahre lang geheim geblieben war, wird bei Ausbesserungsarbeiten das Grabgewölbe entdeckt, das Christian Rosencreutz für sich selbst als »Kompendium des Alls« errichtet hatte. Über der verschlossenen Tür steht die lateinische Inschrift: »Nach 120 Jahren werde ich mich öffnen.«

Das siebeneckige Grabgewölbe ist bei der Öffnung von einem überirdischen Licht hell erleuchtet – wie beim Eintritt in eine neue, aufgeklärte Zeit! Auf dem Altar inmitten des Grabgewölbes steht die Inschrift: *Jesus mihi omnia*, das heißt: Jesus ist für mich alles – ein Hinweis auf den universalen Charakter des rosenkreuzerischen Christentums. Unter dem Altar wird der Leichnam des Ordensgründers unverwest aufgefunden. In der Hand hält er ein Testament, das zum wertvollsten Schatz der Bruderschaft nach der Bibel erklärt wird. Am Ende des Testaments findet sich der berühmte Rosenkreuzer-Spruch:

Ex deo nascimur
In Jesu morimur
Per spiritum reviviscimus

Aus Gott sind wir geboren,
In Jesus sterben wir,
Durch den Geist werden wir wiedergeboren.

Nach Aufdeckung dieser Geheimnisse wird das Grabgewölbe wieder verschlossen, weitere Geheimnisse halten die Brüder noch zurück. Die *Fama* schließt mit der Aufforderung an die Gelehrten Europas, ihre Wissenschaft nicht länger äußerlichen, rein ökonomischen Zwecken der Gold- und Geldvermehrung unterzuordnen, als ob derjenige »Gott besonders lieb sein müsse, so nuhr grosse Goldmassen und klumpen machen köndte«: Der wahre Naturforscher erfreut sich nicht am Goldmachen, sondern sieht – in ethischer Verantwortung vor Gott – »den Himmel offen und die Engel Gottes auff und absteigen und sein Nahmen angeschrieben im Buch des Lebens«.[6] Ganz zum Schluss erfolgt der Aufruf an die Gelehrten, in einen Diskurs über die angeschlagene Thematik einer »Generalreformation« einzutreten.

GENERALREFORMATION DER GANZEN WELT
Allgemeine und General Reformation der gantzen weiten Welt. Beneben der Fama Fraternitatis, Deß Löblichen Ordens des Rosenkreutzes/ an alle Gelehrte und Häupter Europae geschrieben: Auch einer kurtzen Responsion, von dem Herrn Haselmeyer gestellet / welcher deßwegen von den Jesuitern ist gefänglich eingezogen / und auff eine Galleren geschmiedet: Itzo öffentlich in Druck verfertiget / und allen trewen Hertzen communiciret worden, Kassel: Wilhelm Wessel 1614.

So lautet der vollständige Titel jenes Werkes, in dem erstmals in der Geschichte die »Fama« (Kunde) vom Bestehen eines Rosenkreuzer-Ordens an die Öffentlichkeit gelangt, genauer: den damaligen Eliten in Wissenschaft und Politik bekannt gemacht wird.
Bei der mit *Allgemeine und General Reformation der gantzen weiten Welt* betitelten, der *Fama Fraternitatis* vorausgehenden satirischen Schrift handelt es sich um die Übersetzung eines Kapitels aus den *Ragguagli di Parnasso* (»Nachrichten vom Parnass«) des religiös und politisch Giordano Bruno nahe stehenden italienischen Schriftstellers Trajano Boccalini (1556–1613):
Apoll thront mit seinem Hofstaat auf dem Parnass und ordnet eine Generalreformation durch die Gelehrten an, die aber nur absurde Vorschläge machen. Lediglich über die Festsetzung der Preise für einige Gemüsesorten können sie sich schließlich einigen, was vom Volk als »Reformwerk« lebhaft begrüßt wird! Diese Kritik an allen nur oberflächlichen, populistischen Reformversuchen und »die Notwendigkeit einer neuen Reformation ... die sich auf christliche Liebe und Barmherzigkeit gründet« (F. A. Yates), ist die gemeinsame Botschaft dieser Satire und des anschließend abgedruckten Rosenkreuzer-Manifests. Denn aus fehlender Nächstenliebe resultieren die Missstände der Zeit, wie Religionskriege oder scholastischer Dogmatismus in Wissenschaft und Kirchenlehre.
Offenbar kursierten aber schon seit längerem zahlreiche Gerüchte und Handschriften über die Rosenkreuzer: Der Tiroler Paracelsist Adam Haslmayr, dessen der *Fama* angehängte *Responsion* bereits 1612 erstmals im Druck erschienen war, will schon 1610 ein Manuskript der *Fama* gesehen haben. Die Veröffentlichung der *Fama* im Jahre 1614 soll die vielen Gerüchte zum Verstummen bringen. Die beigefügte *Responsion* des von den Jesuiten »gefänglich eingezogenen Herrn Haselmeyer« soll den Rosenkreuzerorden als eine Art Alternative zu dem 1540 von Papst Paul III. bestätigten Jesuitenorden erscheinen lassen. In der allgemeinen Verwirrung, die die Veröffentlichung der Rosenkreuzer-Schriften auslöste, spielte auch die antijesuitische Polemik immer wieder eine Rolle, wie zum Beispiel die 1620 in Prag erschienene Schrift *Rosa Jesuitica oder Jesuitische Rottgesellen. Das ist: Eine Frag, Ob die zween orden, der genandten Ritter, von der Heerscharen Jesu, und der Rosen Creutzer ein einiger Orden sei* belegt.

ANBRUCH EINER NEUEN ZEIT

Ausgehend von seinem fiktiven Sterbejahr 1484 handelt es sich bei der Wiederauffindung des Grabes von Christian Rosencreutz um das Jahr 1604. Wie alles in den Rosenkreuzer-Schriften hat auch die Öffnung der Tür zu seiner Gruft und damit das öffentliche Bekanntwerden der Rosenkreuzer im Jahr 1604 seine tiefe symbolische Bedeutung. Mit dieser Öffnung ist gewissermaßen in ganz Europa eine Tür aufgegangen. In der Tat wird dieser Zeitraum von den Zeitgenossen als epochaler Wendepunkt empfunden:

> Vor 800 Jahren hatte Karl der Große gelebt, wieder 800 Jahre zuvor wurde Christus geboren. Was nach weiteren 800 Jahren, also um 1600/1604, auf der Welt erscheinen werde, war eine Frage, die alle Spekulierenden der Zeit stärkstens beschäftigte.[7]

Der Astronom Johannes Kepler (1571–1630) beobachtet im Jahre 1604 das Erscheinen einer Supernova im »feurigen Dreieck« der Tierkreiszeichen von Widder, Löwe und Schütze. Er deutet dies in seinem 1606 in Prag veröffentlichten Buch *De Stella Nova* als ein kosmisches Zeichen für eine neue Reformation.

In chiliastischen Kreisen, die von der Hoffnung auf die Errichtung eines 1000-jährigen Gottesreiches vor dem Weltende erfüllt sind, erwartet man für 1604 den Beginn des von Joachim von Fiore (ca. 1135–1202) verheißenen »Dritten Zeitalters« des Heiligen Geistes.

Einige deuten die 120 Jahre seit dem Tod von Christian Rosencreutz, die mit der Zeitspanne seit der Geburt Luthers übereinstimmen, um in eine Bußzeit von 120 Jahren bis zum Anbruch des »Zeitalters des Heiligen Geistes«.

1604 ist auch das Jahr, in dem der schwäbische Chiliast Simon Studion (1543–1605) seine einflussreiche *Naometria* (d. h. Tempelmesskunst) vollendet. Darin stellt der Marbacher Präzeptor aus den biblischen Schriften Berechnungen über die Wiederkunft Christi im Jahr 1620 an.

Auch die *Confessio Fraternitatis*, das 1615 publizierte zweite Manifest der Rosenkreuzerbruderschaft, ist Ausdruck solcher chiliastischer Tendenzen der Erwartung eines irdischen Friedensreiches vor der Wiederkunft Christi. Die erhoffte »General Reformation« ist das 1000-jährige Friedensreich Christi auf Erden:

> Wisst Ihr, Sterbliche, dass Gott beschlossen hat, der bald untergehenden Welt die Wahrheit, das Licht und die Würde zurückzugeben, welche Adam im Garten Eden verlor und wodurch das Elend der Menschen entstand? [8]

Mit großer Wahrscheinlichkeit aber haben die Autoren der *Fama* an folgende Ereignisse gedacht, als sie die legendäre Öffnung des Grabes von Christian Rosencreutz auf das Jahr 1604 terminierten: Um diese Zeit wurden erstmals die Schriften des Paracelsus (1493–1541) in größerem Umfang öffentlich zugänglich.[9] Und um dieselbe Zeit beginnt der lutherische Theologe Johann Arndt (1555–1621) mit der Veröffentlichung seiner *Vier Bücher vom wahren Christentum* (1605–1610), einem in viele Sprachen übersetzten wahren Bestseller der christlichen Welt. Als Wendepunkt in der lutherischen Theologie hin zu einem praktischen Christentum hat er auch die rosenkreuzerische Frömmigkeit tief beeinflusst – insbesondere mit seiner Idee der Vollendung der Reformation durch eine »Reformation des Lebens«. Da die Rosenkreuzer-Manifeste eine ähnliche Haltung bezüglich einer auf praktische Verwirklichung zielenden »Reformation des Lebens« widerspiegeln, werden sie von den Gegnern im Lager der protestantischen Orthodoxie sofort als Variante der Arndtschen »Seuche« sowie des »Weigelianismus« verurteilt, nachdem 1609 posthum auch die Schriften des protestantischen Mystikers und Pansophen Valentin Weigel (1533–1588) erschienen waren.

Um das Jahr 1604 beginnt aber auch ein großer Gelehrter seine schriftstellerische Tätigkeit, auf den die Forschung weithin Entstehung und Abfassung der ersten Rosenkreuzer-Schriften zurückführt: Johann Valentin Andreae.

JOHANN VALENTIN ANDREAE

Als Erfinder des Mythos der Rosenkreuzer und wahrscheinlicher Verfasser der Legende von Christian Rosencreutz gilt heute der schwäbische Theologe Johann Valentin Andreae (1586–1654). Wer war Johann Valentin Andreae, dessen Rosenkreuzer-Schriften in englischer, französischer oder spanischer Übersetzung auf der ganzen Welt verbreitet sind?

Tübingen, kurz vor dem Dreißigjährigen Krieg: Überall gärt es. Das Renaissance-Zeitalter geht zu Ende, die beginnende Neuzeit wirft ihre Schatten voraus. Das Alte und das Neue stehen sich oft unversöhnlich gegenüber: Seit dem Feuertod Giordano Brunos in Rom (1600) sind erst wenige Jahre vergangen, als Andreae seine schriftstellerische Tätigkeit beginnt. 1616, als die dritte Rosenkreuzer-Schrift im Druck erscheint, wird gerade das heliozentrische Weltbild des Kopernikus von der römischen Kirche zur Irrlehre erklärt. Noch halten sich die Vertreter der Alchemie oder Hermetischen Philosophie der Renaissance, doch die wissenschaftliche Revolution ist nicht aufzuhalten, der Paradigmenwechsel längst vollzogen. Wie die wissenschaftlichen Weltbilder, so stoßen auch die Religionen und Konfessionen in dieser Zeit hart aufeinander. Religionskriege erschüttern allenthalben die Welt. Die Hysterie des Hexenwahns erreicht in den Verfolgungswellen von 1590, 1630 und 1660 ihren Höhepunkt. Die Konjunktur von Weltuntergangspropheten und Apokalyptikern, von Utopisten und Schwärmern spiegelt die allgemeine Verunsicherung wider. Andererseits wächst die Unzufriedenheit mit der lutherischen Orthodoxie, die damals in Tübingen eine Hochburg hat. Sie ist in traditionellen Formeln erstarrt und es fehlt ihr an Nächstenliebe. Daher kann sie nichts zur Lösung der Lebensprobleme, vor allem zum religiösen Frieden, beitragen.

In studentischen Zirkeln wird heftig die Notwendigkeit einer »zweiten« oder »General Reformation« diskutiert. Zu einem dieser Kreise stößt auch ein junger Mann namens Johann Valentin Andreae. Er stammt aus einer angesehenen Theologenfamilie: Sein Großvater Jakob Andreae (1528–1590) war in der Reformationsgeschichte eine Berühmtheit: Kanzler der Tübinger Universität und Propst der Stiftskirche, wirkte Jakob Andreae unermüdlich an der Vereinigung der verschiedenen protestantischen Richtungen, die sich nach Luthers Tod aufgesplittert hatten. Wenigstens für die verschiedenen lutherischen Richtungen gelang ihm dies auch mit der Ausarbeitung der Konkordienformel und der Redaktion des Konkordienbuchs (1580), der bis heute für die meisten Lutheraner maßgeblichen Bekenntnisschrift.[10] Sogar Richtung Ostkirche richtete sich Jakob Andreaes Blick. Er ließ dem Patriarchen von Konstantinopel die lutherischen Bekenntnisschriften überbringen und versuchte sogar mit der äthiopischen Kirche in Kontakt zu treten.[11]

Die Perspektive des Enkels ist allerdings – wie die Rosenkreuzer-Manifeste zeigen – noch umfassender: Über die konfessionelle Einigung hinaus geht es ihm um die »General-Reformation« des gesamten kulturellen Lebens. Damit weist sein Schaffen hinüber in eine neue Zeit und ist angesichts der Umwälzungen in Wissenschaft und Technik mit ihren ethischen Herausforderungen von bleibender Aktualität.

Johann Valentin Andreae ist ein Mensch mit einer universalen Begabung: Der junge Tübinger Student ist von einer geradezu faustischen Wissbegierde besessen. Seinem fast gleichaltrigen Zeitgenossen, Herzog August von Braunschweig-Wolfenbüttel, dem Gründer

der weltberühmten Wolfenbütteler Bibliothek, schreibt er später einmal:

> Ich habe Juristerei und Medizin getrieben. Ich habe mein Schifflein auf das hohe Meer der Geschichte gelenkt und sechs oder sieben Sprachen mir angeeignet. Wie viele Bibliotheken habe ich durchforscht! ... Nichts, was profane und geistliche Bildung mir bot, habe ich ungekostet gelassen und dazu mir auch Kenntnisse in der Musik und in den mechanischen Künsten angeeignet.[12]

1605 absolviert Andreae zunächst die Tübinger Artistenfakultät. Das Theologiestudium kann er jedoch erst nach einer Unterbrechung von sechs Jahren zum Abschluss bringen. Diese Zeit nutzt der rastlos Tätige zu mehreren Reisen, die ihn nach Österreich, Frankreich, Genf und Rom führen. Zwischendurch übernimmt er Hauslehrerstellen. Das wichtigste Ereignis in dieser Periode, wenn nicht in seinem Leben überhaupt, das seinen Namen weltweit bekannt machen sollte, ist die Erfindung des Mythos von Christian Rosencreutz und seinem Orden.

Die Forschung ist sich heute weitgehend einig, dass Johann Valentin Andreae zusammen mit seinen Tübinger Freunden der Schöpfer dieser Idee ist, auch wenn im Einzelnen noch manches klärungsbedürftig ist. Zum Tübinger Freundeskreis des Studenten Andreae zählen viele originelle Köpfe, allen voran der Jurist Christoph Besold (1577–1638) und der als Außenseiter geltende Tobias Hess (1558–1614) – ein von der Schulmedizin angefeindeter paracelsischer Arzt, Jurist und Theologe, der es wagte, im rechtgläubigen Tübingen zu praktizieren, wo er gewissermaßen als Fürst von Utopia, Traumdeuter und Weissager galt.

Dem Kreis geht es darum, die ethischen Herausforderungen aufzunehmen, die durch die Umbrüche in Wissenschaft und Technik jener Zeit ausgelöst werden. Gleichzeitig soll die Enge der Scholastik überwunden werden, die protestantische Orthodoxie wie katholische Gegenreformation beherrscht. Diese Enge bewirkt nämlich, was Andreae zeitlebens als größte Gefahr für das kulturelle Leben betrachtete: die zunehmende Entfremdung von Christentum und Kultur, von Kirche und Wissenschaft. An Personen wie Bacon, Descartes und Galilei wird diese gegenseitige Entfremdung unmittelbar deutlich. Zugleich stellen die neuen wissenschaftlichen und technischen Methoden mit ihren Aussichten auf profitable Gewinne verstärkt die Frage nach den ethischen Verhaltensweisen, die für das Überleben einer Gesellschaft notwendig sind.

Um einen gesellschaftlichen Diskurs zu all diesen Fragen anzustoßen, entsteht die Idee zur Publikation einer Fabel: Führende Wissenschaftler bilden einen Orden, eine ebenso gelehrte wie praktisch tätige Gesellschaft, die sich vor allem damit befasst, dass Wissenschaft, Christentum und Ethik nicht auseinander driften. Sie bietet den europäischen Regierungen ihre Dienste als eine Art »Ethikrat« an.

Auch ein Name und ein geeignetes Symbol für diese Bestrebungen ist bald gefunden: Andreaes eigenes Familienwappen dient als anschauliches Symbol der Rosenkreuzer-Idee. In der *Chymischen Hochzeit*, der ältesten Rosenkreuzerschrift, legt er seinem »Christian Rosencreutz« die Worte in den Mund:

> Darauff rüstet ich mich auff den weg, zog meinen weisen Leinen Rock an, umbgürtet meine lenden mit einem Blutrohten Bendel kreutzweiss über die Achslen gebunden. Auff meinen Hut steckt ich vier rohter Rosen. [13]

Andreae beschreibt hier exakt das eigene Familienwappen, ein Andreaskreuz mit vier roten Rosen zwischen den Kreuzbalken. Damit war der Rosenkreuzer-Mythos geboren.

Das Wappen von Johann Valentin Andreae

Der »Christian Rosencreutz« dieses Tübinger Freundeskreises ist eine wahrhaft archetypische Gestalt: Luther und Paracelsus in einem, der »Priester-Philosoph« der Antike, der über das allzeit gültige höhere Wissen verfügt. Er kann somit auch politisch den utopischen Anspruch auf die Gestaltung des Menschheitsschicksals durch eine alles umfassende »General Reformation« erheben. Gegenüber der – damals – »neuen Unübersichtlichkeit« durch die zunehmende Mathematisierung und Physikalisierung der Wissenschaften ist es noch einmal das hermetisch-alchemistische Modell der Naturerklärung, das die *Fama* mit diesem Anspruch verbindet. Zum unterschiedlichen Umgang mit der Natur nach diesem Modell und im instrumentellen Naturverständnis der modernen Naturwissenschaft seit Bacon wurde zusammenfassend festgestellt:

> Die Alchemie folgt der Natur, orientiert sich an der Natur, während die Naturwissenschaften die Natur unterwerfen. Nicht mehr die Beeinflussung der Natur durch Anpassung, wie in der Alchemie, sondern die Unterwerfung der Natur durch Arbeit ist nunmehr das Programm.[14]

Es ist aufschlussreich, dass Thomas Kuhn seine berühmte Studie zum »Paradigmenwechsel« in der Wissenschaft auf die Physik ebenjener Jahre ab 1620 stützt. In dieser Zeit hat auch der Rosenkreuzer-Diskurs um die künftige Rolle der Wissenschaft für das Schicksal der Menschheit seinen historisch greifbaren Zeithorizont.

Historiker haben herausgefunden, dass der Rosenkreuzerorden Andreaes und seiner Freunde in einer Renaissance-Tradition steht, die vom platonisch-hermetischen Akademiegedanken Marsilio Ficinos in Florenz bis zu den Akademieplänen des jungen Leibniz und Geheimgesellschaften der Aufklärungszeit reicht.[15] Der Orden ist das Urbild gelehrter Sozietäten, die seitdem in der Neuzeit immer wieder projektiert wurden, um den für ein optimales Regieren notwendigen Wissenstransfer zu gewährleisten. Das Faszinierende dieser Bruderschaftsidee ist »die Vorstellung, dass die Fraternität über ein Wissen verfügte, das Gotteserkenntnis und Welterkenntnis in eins setzte«, und dass sie »noch einmal zusammenführte, was schon dabei war, sich zu trennen: Religion, Wissenschaft und auch Politik oder Macht«[16].

Der Anteil Andreaes an der Abfassung der ersten Rosenkreuzer-Schriften ist jedoch schwer zu bestimmen. Denn die erstmalige literarische Fixierung des Mythos liegt weitgehend im Dunkeln. Einigermaßen gesichert erscheint jedoch dies: Wahrscheinlich noch vor 1610 verfasste Andreae zusammen mit Hess nach Ansicht zahlreicher Historiker die *Fama Fraternitatis*. Andreae selbst bekennt sich in seiner Autobiographie zur Verfasserschaft der *Chymischen Hochzeit: Christiani Rosencreütz* und datiert deren Abfassung auf seine ersten schriftstellerischen Versuche vor 1605.

Fest steht auch, dass Andreae mit seiner Beteiligung an den Rosenkreuzer-Schriften keine neue »Sekte« gründen wollte. Das hätte ihren universalen Zielen völlig widersprochen. Für ihn besaßen diese Schriften rein fiktiven Charakter, sie waren eine »Komödie«, wie er später sagt, die einen Denkprozess in Gang setzen sollte. Die Abfassung solcher Komödien, Fabeln, Satiren und Utopien entspricht Andreaes pädagogischer und dichterischer Begabung mehr als weitschweifige theoretische Abhandlungen. Er distanzierte sich jedoch entschieden, als aus dem Spiel Ernst wurde und sich mit Berufung auf die Idee einer Rosenkreuzer-Bruderschaft eine Bewegung mit zum Teil sektiererischen Zügen entwickelte. Die Bezeichnung »Rosenkreuzer« war für einen seriösen Diskurs über eine Gesellschaftsreform unbrauchbar geworden, nachdem sie von Gauklern und Schwarmgeistern in öffentlichen Misskredit gebracht worden war. Das ist ein Vorgang, wie er sich ähnlich in der Gegenwart im Zusammenhang mit dem Aufkommen des *New Age*-Begriffs wiederholt hat. Die meisten seriösen Denker distanzierten sich wieder von ihm, nachdem er als »Containerbegriff« für die obskursten Vorstellungen unbrauchbar geworden war.

Für seine Abgrenzung von dieser Bewegung gibt es jedoch noch einen weiteren bemerkenswerten Grund:

Als die Rosenkreuzer-Manifeste im Druck erscheinen und in ganz Europa einen literarischen Sturm auslösen, arbeitet Andreae längst an neuen Reformprojekten, die den ursprünglichen Zielen der Manifeste in vieler Hinsicht gar nicht so fern stehen.[17] Bei der Vermittlung dieses Standpunkts wählt der pädagogisch versierte Andreae daher die Methode der »Berichtigung«, das heißt, er korrigiert seine Beteiligung an dem Mythos nach dem Motto: »Zwar eine Fiktion, aber einigermaßen nützlich.«

So war es möglich, dass Johann Valentin Andreae trotz seiner Verwicklung in den umstrittenen Rosenkreuzerdiskurs nach Abschluss des Theologiestudiums zur führenden Persönlichkeit des Luthertums im damaligen Herzogtum Württemberg aufsteigen konnte. Zunächst, von 1614 bis 1620, wirkt er als zweiter Pfarrer – »Diakonus« – in Vaihingen an der Enz, danach – während des Dreißigjährigen Krieges – von 1620 bis 1639 als Superintendent in Calw, der damaligen Wirtschaftsmetropole des Herzogtums. Schließlich wird er zum Hofprediger, Konsistorialrat und Generalsuperintendenten nach Stuttgart berufen (1639–1654). Dort ist er maßgeblich am Wiederaufbau seiner Landeskirche nach dem Dreißigjährigen Krieg beteiligt.

Vor allem seine Jahre als junger Pfarrer in Vaihingen an der Enz sind literarisch äußerst fruchtbar. Hier entsteht sein Programm zur Gründung einer *Christlichen Gesellschaft* oder *Sozietät* (1619)[18], die alle christlichen Gelehrten Deutschlands zur Reform von Wissenschaft und Ethik in Verbindung mit einem praktischen Christentum vereinigen sollte. Mit diesen Sozietätsplänen lebt faktisch Andreaes Idee einer Rosenkreuzer-Bruderschaft weiter. In seiner zur selben Zeit veröffentlichten Schrift *Der Babylonische Turm oder das Chaos der Urteile über die Rosenkreuzerbruderschaft* (1619) distanziert er sich zwar von der real existierenden Bewegung, er hält aber gleichzeitig an der Idee eines wahren christlichen Rosenkreuzertums und an dessen Symbolik fest[19]:

> Wie ich nun die Gesellschaft der Fraternität selber fahren lasse, so werd ich doch nimmer die wahre christliche Bruderschaft verlassen, welche unter dem Kreuz nach Rosen riechet ... Es mögen nun Rosenkreuzerbrüder sein oder nicht (wiewohl ich mehr halte dass keine seien), so will ich zusehen, dass ich nur ein Bruder Christi und aller wahren Christen sei.[20]

Mit der »wahren christlichen Bruderschaft« meint Andreae sein Projekt einer Christlichen Sozietät, dessen Ziele man in folgenden drei Punkten zusammengefasst hat:

1. Erneuerung der Religion im Rahmen einer neuen Reformation.

2. Verwirklichung eines praktischen Christentums durch die Verbreitung christlicher Liebe und Mildtätigkeit.
3. Ethische Zielsetzung und Normierung von Technik und Wissenschaft durch ihre Unterordnung unter den Dienst am Wohl der Menschheit.

Unter dem Schutz eines deutschen Fürsten sollte sich eine intellektuelle Elite christlicher Gelehrter konstituieren, eine Art »Ethikrat« im Hinblick auf die beabsichtigte Reformation des Lebens und der Wissenschaften: Dem Regenten sollte ein Kollegium von zwölf Personen zur Seite stehen, deren oberstes Gremium die drei Präsidenten der Religion, der Tugend und des Wissens bilden. Als Mitglieder seiner Sozietätsprojekte sah Andreae neben seinem erweiterten Tübinger Freundeskreis auch Gelehrte wie Johannes Kepler und Johann Arndt vor. Was in den Rosenkreuzer-Manifesten bloße Fiktion war, sollte nun im christlichen Leben seine tatsächliche Realisierung finden: die Utopie einer christlichen Gesellschaft.[21]

Vor allem mit seinem 1619 in Straßburg erschienenen utopischen Staatsroman *Reipublicae Christianopolitanae Descriptio*, kurz *Christianopolis* genannt, nimmt Andreae das rosenkreuzerische Programm einer neuen Reformation in anderer Form wieder auf. Der junge Pfarrer von Vaihingen an der Enz schreibt hier Weltliteratur und legt ein Werk in der Tradition der großen europäischen Utopien seit Thomas Morus' *Utopia* vor. Literarisch steht es auf einer Höhe mit den berühmtesten Utopien der damaligen Zeit: Tommaso Campanellas *Civitas Solis* (»Der Sonnenstaat«) und Francis Bacons acht Jahre später erschienener *Nova Atlantis* (»Neu-Atlantis«). Über Tübinger Freunde stand Andreae mit dem ehemaligen Dominikaner Campanella in Verbindung. Dieser verfasste den *Sonnenstaat* während seiner 27-jährigen Kerkerhaft in Neapel, die er als Anführer eines Aufstands in Süditalien gegen die spanische

Herrschaft verbüßte. Auch Andreaes Projekt einer Christlichen Sozietät weist mancherlei Bezüge zum *Sonnenstaat* und seinem berühmten Autor auf. Es wurde angeregt von dem Campanella-Schüler Wilhelm von der Wense, den er 1612 bei einem Vortrag in Bad Griesbach kennen lernte und trug in einer ersten Phase auch den Namen von Campanellas Utopie: *Civitas Solis*.

Bei den Bewohnern von Andreaes utopischer »Republic Christiansburg« auf der Insel »Friedensdorf« handelt es sich um Glaubensflüchtlinge, die in diesem Stadtstaat ein Leben in Wahrheit, Freimütigkeit und Guttätigkeit führen – nach dem Vorbild von Johann Arndts *Vier Büchern vom wahren Christentum*, dem Andreae seine christliche Utopie auch zugeeignet hat. Man hat den streng geometrischen Grundriss seines christlichen Idealstaats auf biblische Vorbilder beim Propheten Hesekiel (Kap. 48) und in der Johannes-Offenbarung (Kap. 21) zurückgeführt und mit dem Stadtgrundriss von Freudenstadt in Verbindung gebracht, mit dessen Baumeister Heinrich Schickart Andreae gut bekannt war. Aus dem Rosenkreuzer-Projekt ist hier, wie der Philosoph Ernst Bloch schreibt, »eine Art durchchristete Handwerker- und Schulstadt geworden, eine Insel-City mit Kreistempel in der Mitte, mit einer Markt-, Gymnastik- und Vergnügungszone darum herum, mit Äckern und Werkstätten am Stadtrand«[22].

Auch die *Christianopolis* spiegelt Andreaes Absicht wider, die berechtigten Ziele des Mythos aufzugreifen und »die Rosenkreuzerbotschaft weiterzupredigen, jedoch ohne ihren Namen«[23]. Nicht die wahren Rosenkreuzer werden von der Wache am Osttor der Stadt zurückgewiesen, sondern nur »Betrüger, die sich fälschlich als ›Brüder vom Rosenkreuz‹ ausgeben«[24]. Ebenso spiegelt auch die acht Jahre später erschienene Utopie Francis Bacons – *Nova Atlantis* (1627) – die Themen der Rosenkreuzermanifeste wider – und zwar so, dass man nach Frances A. Yates »gewiss sein kann, dass Bacon die

Geschichte von Christian Rosencreutz kannte«[25]. Neueste Geschichtsforschung ist sogar der Meinung, dass die Wurzeln des instrumentellen Naturverständnisses der »New Science« bei Bacon nicht so sehr in puritanischer Theologie als vielmehr in der lutherischen Weltinterpretation der Rosenkreuzer-Manifeste zu suchen sind.[26]

Diese historischen Bezüge verdeutlichen den weiten geistigen Horizont des Verfassers dieser einzigen Staatsutopie von Rang, die das Luthertum hervorgebracht hat. Natürlich wird eine umfassende christliche Gesellschaft mehr oder weniger utopisch bleiben, in der vom Kommerz beherrschten Welt von heute sowieso. Dennoch hat Andreaes christliches Bildungs- und Wissenschaftsprogramm in Württemberg prägend gewirkt, denkt man an die Herausbildung typisch schwäbischer Tugenden wie Fleiß, Ehrlichkeit oder Sparsamkeit, die in seiner *Christianopolis* die Grundlage des sozialen Aufstiegs der Bürger sind. Indem sein »Rosenkreuzer-Spiel« schließlich in eine erfolgreiche Reform des Lebens aus christlichem Geist mündete, erscheint es gewissermaßen als echt schwäbischer Mythos, der wohl nicht zufällig in Tübingen erfunden wurde. Man traut es diesem originellen Denker, erfahrenen Pädagogen und Schöpfer eines vorausschauenden christlichen Bildungsprogramms daher auch zu, dass er nicht nur die Ideen der Rosenkreuzer-Bruderschaft oder der *Christianopolis* konzipierte, sondern auch den Anstoß zur Schaffung eines wohl in der ganzen Welt einzigartigen Kunstwerks gegeben hat: der christlich-kabbalistischen »Lehrtafel« der Prinzessin Antonia von Württemberg in der Dreifaltigkeitskirche zu Bad Teinach im Schwarzwald.[27] Johann Valentin Andreae ist, als einer der Lehrer Prinzessin Antonias (1613–1679), der Schwester Herzog Eberhards III. von Württemberg, auf der »Lehrtafel« als der Prophet Jesaja verewigt. Man könnte dieses 1673 eingeweihte Werk als konkrete Umsetzung seiner Bildungsideale betrachten, nachdem er bereits zu Lebzeiten die Kirchen zu Calw und Vaihingen an der Enz mit biblischen Bildern ausmalen ließ.

Das Schaffen Andreaes hat jedoch mehr als nur regionale Bedeutung: Seine letztlich aus der Rosenkreuzer-Idee resultierenden Reformprojekte waren Ausdruck eines in ganz Europa verbreiteten Bewusstseins von der Notwendigkeit einer neuen Ordnung, die alle Religionskriege und Lehrstreitigkeiten »auf der Grundlage eines praktischen Christentums und christlicher Bildung« überwinden sollte.[28] Aufgrund seiner Sozietätsprojekte hat man Andreae auch als geistigen Vater der beiden wichtigsten Assoziationstypen der frühen Neuzeit bezeichnet: der Akademiebewegung des 17. Jahrhunderts und der pietistischen Gemeinschaften.[29] Doch nicht diese Linie seines fortwirkenden Einflusses soll hier weiter verfolgt werden, sondern die weitere Rezeption seiner Fabel von Christian Rosencreutz bis in die Gegenwart.

Christian Rosencreutz – Woher der Name stammt

Es gibt im Wesentlichen vier verschiedene Erklärungsvarianten zur Ableitung des Namens »Rosencreutz«: Neben der von Andreae selbst stammenden Ableitung des Namens in der *Chymischen Hochzeit* aus seinem eigenen Familienwappen oder der Herleitung von einer bei Paracelsus 1530 erwähnten Rosenkreuzer-Loge in Basel, auf die der Philosoph Ernst Bloch hinweist, hält Frances A. Yates »englischen Export« für möglich: Danach wäre das rote Kreuz vielleicht auf das des heiligen Georgs des Hosenbandordens und die Rosen von England zurückzuführen. Eine weitere von Yates erwogene alchemistische Deutung des Namens bezieht sich auf die Kombination von *ros* (= Tau) und *crux* (= Licht): Tau gilt als Lösemittel von Gold, das Kreuz stellt das Licht dar.

Die von einer genuin Andreaeschen Erfindung absehenden Erklärungsversuche des Namens »Rosencreutz(er)« haben aber einen entscheidenden Mangel: Sie klammern zu Unrecht den von Andreae nicht zufällig gewählten Vornamen »Christian(us)« ganz aus, der aber mit dem Nachnamen »Rosencreutz« eine Einheit bildet. Richard van Dülmen ist auf der richtigen Spur, indem er darauf hinweist, dass in Andreaes Schrifttum der *christianus*, im Gegenüber zum *curiosus*, eine wichtige Rolle spielt, dem Andreae sozusagen seine eigene Philosophie in den Mund legt. *Christianitas* und *curiositas* sind humanistische Komplementärbegriffe. Auf dieser Linie wählt Andreae auch für seine späteren Gesellschaftsentwürfe zu einer Reformation der Gesellschaft im christlichen Sinn, die sozusagen den Rosenkreuzer-Mythos beerben, mit Bedacht die Namen *Christianopolis* und *Societas christiana*.

DAS ÄLTERE ROSENKREUZERTUM

Das Erscheinen der Rosenkreuzer-Manifeste führte in der europäischen Öffentlichkeit kurz vor Beginn des Dreißigjährigen Kriegs zu erregten Diskussionen. Die Geschichtsforschung hat mehr als 400 Druckschriften ausfindig gemacht, die in dem Jahrzehnt bis 1625 pro oder contra Rosenkreuzer erschienen. Die Aufforderung der *Fama* an die Gelehrten Europas, sich zu Gedanken und Zielen der Rosenkreuzer-Bruderschaft zu äußern, fand demnach ein lebhaftes Echo – nicht zuletzt auch deshalb, weil viele hofften, an den alchemistischen Kenntnissen zu partizipieren, die die Bruderschaft in Aussicht gestellt hatte.

Noch zu Lebzeiten Andreaes bildete sich eine Strömung, die man auch als »frühes« oder »älteres Rosenkreuzertum« bezeichnet. Dieses ältere Rosenkreuzertum – also die Idee Andreaes und seiner Freunde und ihre Rezeption durch zeitgenössische Autoren – war dadurch gekennzeichnet, dass es keine strukturierte Gesellschaft war, sondern nur als Idee vorhanden war. Die »Bruderschaft« der Rosenkreuzer antwortete nicht auf die vielen Fragen, die an sie gerichtet wurden, weil sie nicht existierte – aber der Mythos war um so lebendiger! Einer Flut von Kampfschriften stand eine nicht geringe Zahl von Stellungnahmen gegenüber, die mit der Bewegung sympathisierten. Zu den prominentesten Befürwortern rosenkreuzerischer Ideen gehörten der Pansoph Daniel Mögling und der Hermetiker Michael Maier.

Daniel Mögling (1596–1635), Leibarzt und Hofmathematikus des Landgrafen Philipp von Hessen-Butzbach, war mit Johann Valentin Andreae befreundet. Er machte sich unter den Decknamen »Theophilus

Schweighardt« und »Florentinus de Valentia« zum Anwalt der Rosenkreuzer und führte die Grundhaltung der Rosenkreuzer-Manifeste auf die *Nachfolge Christi* des Thomas von Kempen zurück. Seiner Stellungnahme gegen die Zersplitterung des Wissens in lauter Einzelwissenschaften lag eine durchaus rosenkreuzerische Haltung zugrunde: Dem gottesfürchtigen Menschen in der Nachfolge Christi wird Gott kraft seiner Einwohnung auch die Weisheit verleihen, alles in dieser Welt zu verstehen und zur »Perfektion« noch in diesem Leben zu gelangen. Diese unkonventionelle Auslegung der lutherischen Rechtfertigungslehre spiegelt ein Selbstbewusstsein wider, das »Heilsweg und alchemistische Durchdringung der Welt in eins fallen ließ«[30]. Sie verlegt das Heil nicht einseitig in ein »Jenseits«, verfällt aber auch nicht in den Fehler, die Perfektionierung der Lebensverhältnisse dem hybriden Selbsterlösungsstreben des Menschen unterzuordnen. Dieses Bewusstsein liegt auch dem »Rosenkreuzerischen Weisheitsspiegel« (*Speculum sophicum Rhodostauroticum*) zugrunde, den Mögling 1618 unter dem Pseudonym »Theophilus Schweighardt« veröffentlichte.[31]

Ein anderer Befürworter rosenkreuzerischen Gedankenguts war der Hermetiker Michael Maier (1568–1622), einer der Leibärzte Kaiser Rudolfs II. In seiner Prager Residenz versammelte der Kaiser nicht nur führende Naturwissenschaftler seiner Zeit wie Tycho Brahe und Johannes Kepler um sich, sondern auch Vertreter der Alchemie und der Magie. Maier sah in den Rosenkreuzern vor allem die Hüter der göttlichen Tradition der Alchemie. Er war mit dem Arzt und Philosophen Robert Fludd (1574–1637) befreundet, der die Rosenkreuzer 1617 in einem Traktat als Förderer von Mathematik, Astrologie und Medizin würdigte, die solche Gaben von Gott durch den Heiligen Geist und durch das Licht der Natur erhalten hätten.[32] Fludds Verteidigung der Rosenkreuzer erfolgte also aus einer ähnlichen Grundhaltung heraus wie bei Mögling: Heilsweg und wissenschaftliche Erkenntnis, Lesen im Buch der Natur und in der göttlichen Offenbarung werden noch als Ganzheit, in ihrem Zusammenhang betrachtet – um des Menschen willen. So begrüßte Fludd das Erscheinen der Rosenkreuzer als gutes Omen vor dem Weltende.

Mit Maier und Fludd verlagerte sich der Rosenkreuzerdiskurs immer mehr nach England, wofür auch eine Person steht, deren Namen man in diesem Zusammenhang nicht unbedingt erwartet hätte: Comenius.

COMENIUS UND DIE ROSENKREUZER

Erstaunlicher als die schwärmerische Rezeption des Mythos war nämlich Folgendes: Unter den zeitgenössischen Anhängern von Andreaes Rosenkreuzer-Idee befanden sich Personen, die Rang und Namen in der Geistesgeschichte haben – allen voran Johann Amos Comenius (1592–1670), nach W. Sparn einer der »intellektuellen Gründerväter des neuzeitlichen Europa«[33].

Comenius hatte gerade die Universitäten von Herborn und Heidelberg absolviert (1613–14), als er zum ersten Mal von der *Fama* des Rosenkreuzer-Ordens hörte. Wie seine späteren Werke zeigen, muss ihn diese Geschichte stark beeindruckt haben. Nach Ansicht von Frances A. Yates hat Comenius seine »Pansophie« genannte Philosophie »direkt aus dem Rosenkreuzertum entwickelt«[34]. Aber nicht nur das: Auch die übrigen Schriften Johann Valentin Andreaes haben ihn zutiefst beeinflusst. *Das Labyrinth der Welt* ist zu einem erheblichen Teil eine Adaption von Schriften Andreaes[35]. Comenius schreibt in einem Brief:

> Dass alle Schriften des seligen Johann Valentin Andreae zu meinen kostbarsten Schätzen gehörten, das weißt Du wohl (denn daraus hatte ich auch fast ganz die Anfänge meiner pansophischen Gedanken geschöpft).[36]

In seinem letzten Werk, den *Clamores Eliae*, identifiziert Comenius dann auch ganz unverhüllt das eigene Reformprogramm mit der rosenkreuzerischen »Generalreformation«. Die von ihm als Bischof im Exil geleitete Kirche der *Böhmischen Brüder* bezeichnet er dort sogar als die erste tatsächlich existierende Rosenkreuzerbruderschaft. Teils in tschechischer, teils in lateinischer Sprache schreibt Comenius:

> Möge es Gott geben, dass der Welt dieses große Licht bei uns angezündet werde ... um eine neue, wirklich universelle und philadelphische Kirche zu gründen – könnte dies nicht ein Spiel der göttlichen Weisheit sein, dessen Vorspiel die Fraternität des Rosenkreuz ... war? [Eine Fraternität], deren erste Erfüllung bei der Unität der Tschechischen Brüder erfolgte, denn sie hat Gott durch dass Kreuz zum Licht geführt ... und gleichzeitig mit den Rosen seines Trostes erquickt.[37]

Mit dieser Vision einer »universellen Kirche« bezieht sich Comenius aber keineswegs nur auf die zu überwindende konfessionelle Spaltung innerhalb der Christenheit. Sein intellektuelles Streben gilt mehr noch der Entwicklung geeigneter Maßnahmen gegen die sich anbahnende, viel weiter reichende Spaltung zwischen der Vernunft und dem Herzen und Wollen des Menschen, also zwischen der »neuen Wissenschaft« (Bacon) und einer auf ethischen Prinzipien aufbauenden Kultur. Denn wahre universelle Weisheit – »Pansophie« – besteht nach Comenius darin, dass ihr Licht nicht nur den Intellekt erleuchtet, sondern auch das Herz des Menschen und seinen Willen verwandelt[38] – wie es Programm der rosenkreuzerischen Aufklärung ist.

Seine Gedanken hat Comenius dem englischen Parlament in einer Programmschrift mit dem Titel *Via lucis* (»Der Weg des Lichts«) in Verbindung mit Vorschlägen für eine Wissenschaftsreform vorgelegt. Die

Rosenkreuzer-Fabel und Sozietätspläne Andreaes werden darin gewissermaßen in einen konkreten Organisationsplan umgewandelt: In einem Weltkollegium – *Collegium lucis* – mit Sitz in England sollte eine Elite von Forschern aller Nationen das gesamte Wissen sammeln, aus dem alle Menschen, ohne Ansehen der Person oder Religion, Nutzen ziehen könnten. Daraus sollte dann die »wahre universelle philadelphische Kirche« als Hüterin einer globalen Kultur hervorgehen, deren Vorstufe die Rosenkreuzer-Bruderschaft war!

Nachdem 1660 in London – unter rosenkreuzerischen Einflüssen – die *Royal Society* gegründet worden war, widmete ihr Comenius wiederum seine bereits dem Parlament vorgelegte programmatische Schrift *Der Weg des Lichts*. In der Vorrede findet sich die auch heute noch gültige »Erinnerung« an die Vertreter der naturwissenschaftlichen Forschung: »Wenn keine Ziele angestrebt werden, die ihrerseits *jenseits der Grenzen der Naturwissenschaft* liegen, könnte es geschehen, dass das Werk sich in den Bau ›eines umgekehrten Turmes von Babel verwandele, der nicht zum Himmel emporstrebe, sondern sich in die Erde grabe‹.«[39]

DIE MYSTISCHE HOCHZEIT VON THEMSE UND RHEIN

Der Mythos der Rosenkreuzer wurde auch zum Politikum: Nach Frances A. Yates sind die Rosenkreuzer-Manifeste überhaupt der »mystische Hintergrund« einer Bewegung zu Beginn des Dreißigjährigen Krieges, »die es sich zum Ziel gesetzt hatte, Friedrich von der Pfalz zum König von Böhmen zu machen«[40]. Die Hochzeit des pfälzischen Kurfürsten Friedrich V. (1596–1632), des Führers der Protestantischen Union, mit Prinzessin Elisabeth (1596–1662), der Tochter des englischen Königs Jakob I., im Jahr 1613 stellt für die Anhänger dieser Bewegung den alchemistischen Initiationsprozess dar, den Andreae in der *Chymischen Hochzeit: Christiani Rosencreütz* beschreibt.[41] Yates sieht in der Lokalisierung dieses Märchens und seiner Symbolik eine deutliche Anspielung auf das Heidelberger Schloss, über das der Pfälzische Löwe als Symbol politischer Hoffnungen herrscht. Im Sinne dieser mystischen Heirat von Themse und Rhein wäre der Rosenkreuzer-Mythos also zur Ideologie eines neuen Machtfaktors in Europa geworden: des vom »Winterkönig« angeführten calvinistischen Blocks – bis die Katholische Liga mit ihrem Sieg in der Schlacht am Weißen Berg (1620) diesen Träumen militärisch und politisch ein Ende bereitete. Auf einem zeitgenössischen satirischen Stich wird, unter Verwendung rosenkreuzerischer Motive, die Vergeblichkeit dieser Bestrebungen persifliert, Böhmen der Herrschaft des Habsburger Adlers zu entziehen und unter die Regierung des Pfälzischen Löwen zu bringen.

Frances A. Yates hat eindrucksvoll dargestellt, wie der Rosenkreuzerdiskurs im Windschatten dieser machtpolitischen Kontroversen zur Zeit des großen europäischen Kriegs geführt wurde, auch wenn hier vieles spekulativ bleibt – wie zum Beispiel auch ihre These, dass das Rosenkreuzertum überhaupt seinen Ursprung im elisabethanischen England hatte.

ROSENKREUZER UND FREIMAURER

Nach dem Ende dieser ersten Periode eines »frühen« oder »älteren Rosenkreuzertums« in Deutschland setzte vor allem in England eine neue Rezeptionsphase des Mythos ein. Eine wichtige Vermittlerrolle spielten dabei zunächst die beiden bereits erwähnten paracelsischen Ärzte Michael Maier und Robert Fludd.

Die Rosenkreuzerbewegung lebte danach in anderer Gestalt wieder auf, insbesondere durch den Einfluss englischer Rosenkreuzer wie des Alchemisten und Astrologen Elias Ashmole (1617–1692) – einem der Begründer der *Royal Society* (1660) – auf die entstehende Freimaurerei. Die Vertreter dieser auf das ältere Rosenkreuzertum folgenden zweiten Phase der Rezeption des Rosenkreuzer-Mythos bezeichnet man auch als »mittlere Rosenkreuzer«. Diese Phase steht im Wesentlichen unter dem Vorzeichen der sich zur gleichen Zeit ebenfalls in England herausbildenden Freimaurerei, so dass es vielfach zu Überschneidungen, aber auch zu Verwechslungen von Rosenkreuzern und Freimaurern kommt.

Roland Edighoffer, emeritierter Professor an der Sorbonne, vertritt sogar die These, dass »die Freimaurerei in England aus dem Rosenkreuzertum hervorgegangen« ist, »und zwar durch die Vereinigung des rosenkreuzerischen Gedankenguts mit den mittelalterlichen Traditionen der Maurerzünfte« in den Jahren zwischen 1633 und 1646.[42] Dies wird auch durch freimaurerische Quellen belegt: Ein 1724 in London ediertes Manuskript der alten freimaurerischen Konstitutionen bezeichnet Freimaurer und Rosenkreuzer als Brüder ein und derselben Fraternität.[43]

Dass die freimaurerische Rezeption des Rosenkreuzer-Mythos älter ist als die esoterische zeigt auch das folgende Beispiel. Dabei stellt sich die Frage, ob es einem Staat immer gut bekommt, wenn prominente Rosenkreuzer in leitende Ministerämter gelangen. Dies ist zumindest zweifelhaft, wenn man die Geschichte der *Gold- und Rosenkreuzer*[44] in Preußen betrachtet, die Hans-Joachim Neumann in seiner Biografie des Preußenkönigs Friedrich Wilhelm II. beschreibt.

Auch wenn dieser vermutlich 1757 gegründete und damit älteste historisch greifbare Rosenkreuzer-Orden wohl nur als exklusiver Zirkel innerhalb der Freimaurerei bestand, so gelangten die Gold- und Rosenkreuzer unter Friedrich Wilhelm II. (1744–1797) dennoch zu Macht und Einfluss. Als er nach dem Tod Friedrichs des Großen 1786 den preußischen Thron bestieg, machte er zwei Rosenkreuzer zum Religions- und zum Kriegsminister: Johann Christoph Wöllner (1732–1800), einen ehemaligen brandenburgischen Pfarrer, und den kursächsischen Kammerherrn und Stallmeister Johann Rudolf von Bischoffwerder (1714–1803). Wöllner, der seit 1765 Freimaurer war, wurde 1779 auch Rosenkreuzer. Mit paranormalen Tricks war es den beiden schon zuvor gelungen, den Kronprinzen auf ihre Seite zu ziehen, bis er schließlich 1781 selbst als »Ormesus Magnus« in den Orden der Gold- und Rosenkreuzer aufgenommen wurde.[45]

Eine rosenkreuzerische Hochburg war Bischoffwerders Herrensitz Schloss Marquardt bei Potsdam mit seiner »Blauen Grotte«, deren Inneres Theodor Fontane in seinen *Wanderungen durch die Mark Brandenburg* beschreibt: Hier ließ man vor dem geistergläubigen Preußenkönig, bei wunderbaren Lichteffekten und Sphärenmusik, die Geister berühmter Herrscher und Philosophen erscheinen, die ihn wegen seiner endlosen Frauengeschichten zur Rückkehr auf den Pfad der Tugend ermahnten.[46]

Lehrmäßig beriefen sich die Gold- und Rosenkreuzer unter anderem auf die christliche Kabbala des Barons Christian Knorr von Rosenroth (1636–1689), von dem das bekannte Kirchenlied *Morgenglanz der Ewigkeit* stammt. Ihr Ziel war die Bekämpfung der angeblichen Irreligiosität der Aufklärung. Udo Krolzik spricht in seiner Habilitationsschrift zum *Wöllnerischen Religionsedikt* von einer »pragmatischen Allianz zwischen Rosenkreuzern und Pietisten im Kampf gegen die Theologie der deutschen Aufklärungstheologen«[47]. Beide betonten die Bedeutung der Offenbarung gegenüber einer alles rationalistisch vereinnahmenden Vernunft, die »Erleuchtung« des Einzelnen sowie die Bedeutung von Wundern und Geheimnissen für das christliche Leben.

Bei den »Wundern« halfen die Gold- und Rosenkreuzer allerdings gelegentlich etwas nach, wie Theodor Fontane in den *Wanderungen durch die Mark Brandenburg* festhält, »um einen trägen Glauben künstlich zu beleben«[48]. Fontane macht dort vor allem den herrschenden Absolutismus des 18. Jahrhunderts für das Entstehen von Geheimorden wie den Gold- und Rosenkreuzern verantwortlich:

> Das vorige Jahrhundert war ein Jahrhundert der geheimen Gesellschaften. Der Absolutismus behinderte jede Kraftentwicklung, die Miene machte, selbständige Wege einschlagen zu wollen; die Kirche war starr; was Wunder, wenn der individuelle Ehrgeiz, der kein legitimes Feld fand, sich geltend zu machen, auf Abwege geriet und im Dunkeln und Geheimen nach Macht suchte.[49]

Das Wesen der Sache lag seiner Ansicht nach darin, »Macht zu äußern in einer Zeit, wo das Individuum machtlos war«. Aber nicht nur der »Hang nach Macht«, auch der »Hang nach Freiheit« des Individuums, der im absolutistischen Staat keine Befriedigung fand, schuf bestimmte Formen der Geheimbündelei:

Fontane meint hiermit den *Illuminatenorden*. Dieser Orden war 1776 von aufklärerischen Kräften in Bayern gegründet worden. Diese argwöhnten, eine Verschwörung von Jesuiten und Rosenkreuzern betreibe die Wiederherstellung des drei Jahre zuvor von Papst Clemens XIV. aufgehobenen Jesuitenordens, der allerdings in Preußen toleriert wurde. Die Gold- und Rosenkreuzer waren sozusagen das anti-aufklärerische Pendant zum aufklärungsfreundlichen Geheimbund der Illuminaten. Für Aufklärer wie Friedrich Nicolai oder den Illuminaten Adolph Freiherr von Knigge, der ein Pamphlet *Über Jesuiten, Freimaurer und deutsche Rosenkreuzer* verfasste, erschienen die Gold- und Rosenkreuzer als Gegner, wie der Sturm und Drang und die beginnende Romantik, wenn nicht sogar als Betrüger.

Fontane bricht gleichwohl eine Lanze für die Rosenkreuzer:

> Seinem Kern und Wesen nach war das moderne Rosenkreuzertum nichts als eine Vereinigung von Männern, die, ob katholisierend oder nicht, an den dreieinigen Gott glaubten und diesen Glauben dem Deismus, dem Pantheismus und Atheismus gegenüberstellten.

Ja, er begegnet der engstirnigen Kritik des damals populärsten Sprechers der Aufklärung im friderizianischen Berlin, Friedrich Nicolai, mit einem geradezu rosenkreuzerischen Argument (im Sinne der Ursprungslegende und des älteren Rosenkreuzertums):

> Glaube und wissenschaftliche Erkenntnis schließen einander nicht aus und mit höchster Geisteskraft ist höchste Glaubenskraft durch ganze Epochen hin vereinigt gewesen. Das Rosenkreuzertum hat dadurch keine Sünde auf sich geladen, dass es das Gegenteil von dem wollte, was der alte Nicolai wollte.[50]

Fontanes Kritik bezieht sich nicht auf diesen »Kern« des Rosenkreuzertums, sondern auf die »begleitenden Zufälligkeiten«, das heißt, die zwecks Machtgewinn künstlich erzeugten Geistererscheinungen. So hat Wöllner die aufklärungskritische Linie der Gold- und Rosenkreuzer mit den berüchtigten *Wöllnerischen Edikten* (1788/1789) auch macht- und kulturpolitisch im preußischen Staat umzusetzen versucht: Das *Religionsedikt* (1788) beschränkte vor allem die Gedankenfreiheit der Geistlichen und sollte jeden Widerspruch aufklärungsfreundlicher Theologen gegen die Bekenntnisse der drei »Hauptkonfessionen« unterdrücken. Das *Zensuredikt* (1789) unterstellte alle Schriften staatlicher Genehmigungspflicht. Selbst der Philosoph Immanuel Kant (1724–1804) zog sich eine amtliche Maßregelung wegen »Herabwürdigung mancher Grundlehren der Heiligen Schrift und des Christentums« zu.[51]

Damals aber waren die Tage des Ordens bereits gezählt: Auf dem Großlogen-Konvent von Wilhelmsbad bei Hanau war schon 1782 der Versuch gescheitert, die Lehren der Gold- und Rosenkreuzer zur beherrschenden Strömung innerhalb der Freimaurerei zu machen. Die Ordensarbeit war daraufhin 1787 eingestellt worden.

Die Rosenkreuzeridee lebte aber weiter in den mystisch-esoterisch orientierten Hochgradsystemen der so genannten ritterlichen oder schottischen Freimaurerei – benannt nach einem nach Frankreich gelangten schottischen Emigranten, der die Abstammung der Freimaurerei vom Tempelritterorden behauptete.

NEUE ROSENKREUZER SEIT DEM 19. JAHRHUNDERT

Seit der Mitte des 19. Jahrhunderts entstanden neue spirituelle und zum Teil okkulte Bewegungen, die sich unter dem Begriff »moderne Esoterik« zusammenfassen lassen. Man hat die moderne Esoterik bisweilen als Versuch der Wiederverzauberung der Welt charakterisiert oder auch als die Rückseite der Aufklärung. Denn sie möchte in gewisser Weise den Prozess der Säkularisierung oder Entzauberung der Welt durch Technik und Wissenschaft seit dem 17. Jahrhundert wieder rückgängig machen, ohne die technischen Errungenschaften an sich zu verwerfen. Daher ist es kein Wunder, dass gerade auch die Rosenkreuzer-Manifeste im Mittelpunkt des Interesses dieser neuen spirituellen und esoterischen Strömungen stehen. Denn die Manifeste spiegeln noch die vormoderne Vorstellung wider, wonach die Rosenkreuzer-Bruderschaft »über ein Wissen verfügt, das Gotteserkenntnis und Welterkenntnis in eins setzte«[52] – über ein »weisheitliches Wissen«, das Religion und Wissenschaft am Vorabend ihrer neuzeitlichen Trennung noch einmal zusammenführte.

Bei dieser neueren Rezeption des Rosenkreuzer-Mythos seit dem 19. Jahrhundert – man spricht hier auch von den »jüngeren Rosenkreuzern« – lassen sich zwei Varianten unterscheiden, die im Folgenden skizziert werden.

ROSENKREUZERTUM – DER WESTLICHE EINWEIHUNGSWEG

Den einen Rezeptionsstrang bilden Autoren, die in ihren Werken die gesamte spirituelle Überlieferung auf das Rosenkreuzertum zentrieren – als dem westlichen Einweihungsweg schlechthin.

■ So erblickte Rudolf Steiner (1861–1925), der Begründer der Anthroposophie, das Besondere dieses Einweihungswegs darin, dass durch das Rosenkreuzertum die Gegensätze von Religion und jeweils modernster Wissenschaft sowie zwischen den verschiedenen Religionen und Weltanschauungen überwunden werden und ihre Einheit hergestellt wird.

Steiner bezieht sich damit genau auf die in den Projekten von Andreae und Comenius am Beginn der Neuzeit festgestellten Aufgaben der Zusammenführung von Gottes- und Welterkenntnis und der Sicherung des religiösen Friedens auf der Basis der Nächstenliebe. Dass die Menschheit im heutigen Zeitalter der Naturwissenschaft nicht völlig in die beiden Klassen der Praktiker und der Quietisten zerfallen ist, verdankt sie nach Steiners Deutung einer »okkulten Konferenz« am Ende des 16. Jahrhunderts, auf der dies durch Christian Rosenkreuz verhindert wurde. Für die Zukunft erwartet Steiner die Verstärkung dieses rosenkreuzerischen Impulses: »Vom 20. Jahrhundert an werden alle Religionen im Rosenkreuzermysterium vereinigt sein.«[53] Gleichzeitig »kommt es darauf an, dass die Religion in keinem Widerspruch befunden werden könne mit den wissenschaftlichen Tatsachen«[54].

In diesem Sinn verstand Steiner seine Anthroposophie auch als erneuertes Rosenkreuzertum. Nicht zufällig befasst er sich in seinen Münchner Vorträgen von 1907 über »Die Theosophie des Rosenkreuzers« mit dieser Thematik als er sich von der *Theosophischen Gesellschaft* zu lösen begann, die ganz von dem Einfluss der östlichen Religionen dominiert wurde. Sein Ziel war es, einen mit der modernen Wissenschaft kompatiblen, eigenständigen westlich bzw. christlich geprägten esoterischen Weg zu begründen. Dazu unterschied er drei

Methoden der Meditation oder Einweihung in die »geistige Welt«: die »Yogaschulung«, die »spezifisch christliche Richtung« und die »christlich-rosenkreuzerische Methode«.[55] Die Rosenkreuzer-Schulung soll die Harmonie von esoterischem Wissen mit jeweils modernster Bildung und Naturwissenschaft gewährleisten können. Bereits auf dem Münchner Jahreskongress der europäischen Sektionen der Theosophischen Gesellschaft hatte Steiner auf die Bedeutung dieses westlichen esoterischen Weges hingewiesen, indem er den Tagungsraum für die aus ganz Europa angereisten Theosophen zu einer Art Rosenkreuzertempel ausgestalten ließ. Unter den vier zwischen 1910 und 1913 in verschiedenen Münchner Theatern uraufgeführten Mysteriendramen Steiners trägt das erste den Titel *Die Pforte der Einweihung. Ein Rosenkreuzermysterium.* Steiner hatte sie für sein »Gesamtkunstwerk« verfasst, den für München geplanten, Hochschule und Weihestätte für Mysteriendramen vereinenden Johannesbau, der aber erst später im Goetheanum in Dornach bei Basel seine Verwirklichung finden sollte. Für die Vereinsmitglieder des Johannesbau-Vereins entwarf er eigens eine Mitgliedskarte, auf der unter anderem auch die Initialen des bekannten Rosenkreuzer-Spruchs standen: *Ex deo nascimur – In Christo morimur – Per Spiritum Sanctum reviviscimus* (s. S.14).[56]

Über seine Emissärin in Russland, Anna Rudolfowna Minzlowa (1865–1910), und den Verlag *Musaget* übte Steiners Neo-Rosenkreuzertum auch einen beträchtlichen Einfluss auf die russische kulturelle Elite vor dem Ersten Weltkrieg aus. Anna Minzlowa, eine auch äußerlich an die »Sphinx des Okkultismus«, Helena Blavatsky, erinnernde Gestalt, versuchte, einen russischen Rosenkreuzer-Orden zu organisieren und gewann für diesen Plan vorübergehend das Interesse der symbolistischen Dichter Wjatscheslaw Iwanow (1866–1949) und Andrej Belyj (1880–1934).[57] Auch wenn der Plan über die Bildung eines »mystischen Dreiecks« dieser Personen nicht hinauskam, fand die Begegnung mit dem okkulten Neo-Rosenkreuzertum im späteren Schaffen dieser Hauptvertreter des russischen Symbolismus ihren Widerhall. Nikolaj Berdjajew gibt Minzlowa und dem russischen Neo-Rosenkreuzertum in seiner Autobiografie breiten Raum[58], da im ersten Jahrzehnt des 20. Jahrhunderts viele junge Menschen aus den kulturtragenden Schichten Russlands davon geträumt hätten, in das Mysterium des Rosenkreuzertums eingeweiht zu werden – so wie man in den zurückliegenden Jahrzehnten Marxist, Nihilist, Narodnik oder Schellingianer gewesen sei. Das plötzliche Verschwinden der Minzlowa 1910 löste das Gerücht aus, die seitdem Verschollene verstecke sich im Westen in einem Kloster, das mit den Rosenkreuzern in Verbindung stehe.

■ Auf der Linie dieses Rezeptionsmodells kann die Idee des Rosenkreuzertums in der modernen westlichen esoterischen Literatur aber auch individualistisch auf einen spirituellen Weg für den Einzelnen reduziert werden. Die Bindung an eine bestimmte Organisation wird in diesem Verständnis geradezu als Widerspruch zum Weg individueller »Gottwerdung« betrachtet – so zum Beispiel bei dem »Neugeist«-Autor Karl Otto Schmidt (Pseudonym: Hilarion; 1904–1977) oder bei Demeter Georgievitz-Weitzer (Pseudonym: G. W. Surya; 1873–1949), der dem Theosophen Franz Hartmann nahe stand.

Gedanken Franz Hartmanns wiedergebend, heißt es bei K. O. Schmidt über die Rosenkreuzer:

> Beim echten Rosenkreuzertum ging es nie um jene intellektuelle Vielwisserei und Geheimniskrämerei, mit der sich Rosenkreuzer-Gesellschaften befassen ... Rosenkreuzer wird, wer sich seinem göttlichen Selbst eint: in ihm erblüht die Rose der Gottesweis-

heit ... Doch tritt kein Rosenkreuzer als solcher hervor, sondern er wirkt in der Stille der Abgeschiedenheit.[59]

Ähnlich wie Schmidts umfangreiches Schrifttum kann man auch Suryas bekannten Roman *Moderne Rosenkreuzer* (1907) als Vorläufer jener heute verbreiteten Tendenz ansehen, esoterische Praktiken und Heilmethoden ganz individuell, ohne Bindung an irgendeinen Orden oder eine Lehre zu praktizieren – nach dem Motto: »Für mich ist wahr, was mir persönlich hilft.«

INITIATORISCHES UND THEOSOPHISCHES ROSENKREUZERTUM

Für das andere Rezeptionsmodell der Rosenkreuzeridee innerhalb der modernen Esoterik seit dem 19. Jahrhundert stehen verschiedene neo-rosenkreuzerische Okkultgruppen, die behaupten, in das Wissen eines historisch tatsächlich existierenden, älteren Rosenkreuzerordens eingeweiht oder initiiert zu sein und damit in dessen Sukzession zu stehen (»initiatorisches Rosenkreuzertum«). Einige betrachten ihre Organisationen auch im Zusammenhang des theosophischen Lehrmodells, wonach eine unsichtbare, die Welt regierende Bruderschaft besteht. Diese Bruderschaft der »Aufgestiegenen Meister« und Religionsstifter verfüge über das jederzeit gültige, für die breite Masse aber noch geheime Wissen der Menschheit. Die Gruppierungen sehen sich dann als Empfänger der Lehre und Vermittler des Wissens eines »unsichtbaren« oder »geheimen Rosenkreuzerordens«, der von solchen höchst entwickelten geistigen Wesenheiten oder Adepten geleitet wird (»theosophisches Rosenkreuzertum«). Bei der Gründung der Theosophischen Gesellschaft durch Helena Blavatsky und Henry Steel Olcott 1875 in New York stand umgekehrt zur Diskussion, ob sich diese neu zu gründende Gesellschaft nicht auch »rosenkreuzerische«, »hermetische« oder »ägyptologische Gesellschaft« nennen sollte. Denn ebenso wie die alten Ägypter oder die Hermetik gelten auch die Rosenkreuzer in diesen esoterischen Kreisen als Träger des alten, überlieferten Geheimwissens der Menschheit, gewissermaßen als der Archetyp einer modernen Geheimgesellschaft.[60]

■ Die älteste dieser neo-rosenkreuzerischen Okkultgruppen und überhaupt die älteste der heute existierenden Rosenkreuzerorganisationen ist die *Societas Rosicruciana in Anglia* (S.R.I.A. oder SRiA). Sie wurde 1865 in London von okkultistisch interessierten Freimaurern unter Führung von Robert Wenthworth Little (1840–1878) gegründet. Ähnlich wie beim Orden der Gold- und Rosenkreuzer, auf den man sich beruft, handelt es sich hierbei um einen »esoterischen Klub innerhalb der Freimaurerei«[61]. Zu seinen Aufnahmebedingungen gehört die Mitgliedschaft in einer regulären Freimaurerloge ebenso wie das Bekenntnis zum christlichen Glauben.

Mit ihrer inhaltlichen Ausrichtung aber geht die SRiA weit über die Freimaurerei hinaus und steht bereits voll im Strom des modernen esoterischen Neo-Rosenkreuzertums. Man behauptet nicht nur, in das Wissen älterer Rosenkreuzergruppen eingeweiht zu sein und in deren Sukzession zu stehen. Man glaubt auch wirklich an okkulte, paranormale Kräfte der mythischen Rosenkreuzer und versucht, diesen durch die Erforschung der okkulten Naturkräfte, der hermetischen Philosophie und der Kabbala nachzueifern. Auch ist das Prinzip der Autorisierung einer neuen Gesellschaft aufgrund einer Ermächtigungsurkunde (»Charter«) durch bereits bestehende Logen nicht nur durch die Freimaurerei bekannt. Es zeigt sich ebenso in der modernen »Initiations-Magie«, die sich auf eine Kette von Initiationen durch Übertragung der magischen Fähigkeiten vom Meister auf den Schüler stützt.[62] Ehrenmitglied der SRiA war auch der wohl bedeutendste Okkultist des 19. Jahrhunderts: Eliphas Lévi (= kabbalistisches Pseudonym von Alphonse Louis Constant, 1810–1875). Zu ihren Mitgliedern soll ferner der Autor des bekannten Romans *Die letzten Tage von Pompeji* – Lord Edward George Bulwer-Lytton (1803–1873) – gehört haben, der 1842 mit *Zanoni* auch einen Rosenkreuzer-Roman veröffentlicht hatte. Bedeutsam ist die SRiA vor allem aber auch, weil aus ihr ein weiterer moderner Okkult-Orden hervorgegangen ist, der große Bedeutung erlangte: der *Golden Dawn.*

■ Der Golden Dawn – mit vollständigem Namen *Hermetic Order of the Golden Dawn* – ist nicht nur infolge seiner Abkunft von der SRiA dem modernen esoterischen Neo-Rosenkreuzertum zuzuordnen, sondern vor allem auch deshalb, weil er seine Sukzessionslinie von einer wissenschaftlich nicht nachweisbaren, wahrhaft »okkulten« Rosenkreuzertradition eines »Frl. Sprengel« in Nürnberg oder Stuttgart herleitet. Als Adept der Rosenkreuzer soll das mysteriöse »Frl. Sprengel« gemäß der Gründungslegende des Golden Dawn einen ansonsten völlig unbekannten »Licht-Liebe-Leben-Tempel« in Nürnberg geleitet haben.[63] Ein Freimaurer namens Woodford habe davon erste Spuren in einem Londoner Antiquariat gefunden, als er dort ein in einer Geheimschrift verfasstes altes Manuskript entdeckte. Bei der von ihm aufgefundenen Handschrift soll sich auch folgende Adresse befunden haben: »Fräulein Sprengel, c/o Herrn J. Enger, Hotel Marquardt, Stuttgart.«[64] Dieses Schriftstück soll Woodford einem anderen Freimaurer und prominentem Mitglied der SRiA übergeben haben. Dabei handelt es sich um William Wynn Westcott (1848–1925), einen mit Helena Blavatsky befreundeten Arzt, der das Manuskript der Gründungslegende nach entzifferte. Immerhin kannte sich Madame Blavatsky im Entziffern von geheimen Schriften in unbekannten Sprachen aus, leitet sie doch selbst den Inhalt ihrer 1888 erschienenen *Geheimlehre* ebenfalls von einer der Wissenschaft völlig unbekannten geheimen Schrift, dem »Buch des Dzyan«, ab.

Im Jahr 1887 soll Westcott darüber hinaus von dem mysteriösen »Frl. Anna Sprengel« im Namen »Geheimer Oberer« dazu autorisiert worden sein, einen englischen Zweig dieser angeblich in Deutschland noch existierenden, ansonsten aber völlig unbekannten okkulten Rosenkreuzer-Organisation zu gründen. Ein Jahr später, 1888, wurde dann von Westcott, Samuel Liddell Mathers und William Robert Woodman in London der *Hermetic Order of the Golden Dawn* ins Leben gerufen. 1891 erklärte Westcott, »Anna Sprengel« sei gestorben und die Führer des Golden Dawn müssten direkt mit den »Geheimen Oberen« in Kontakt treten, was ein Jahr später erfolgte.[65]

Jetzt behauptete der Militärhistoriker und Magie-Experte Samuel Liddell Mathers (1856–1918), er habe zusammen mit seiner Frau Moina, der Schwester des Philosophen Henri Bergson, hellseherischen Kontakt zu den »Geheimen Oberen« aufgenommen. Mathers, der sich – mitgerissen von der damaligen Kelten-Welle – auch »MacGregor Mathers, Comte de Glenstrae« oder auch »Chevalier MacGregor« nannte, beanspruchte von daher die Autorität zur Führung des Ordens, der neu organisiert wurde. Dem »Äußeren Orden« wurde 1892 von Mathers ein »Innerer Orden« für fortgeschrittenere Mitglieder übergeordnet, der den Namen *Order of the Red Rose and the Golden Cross* (*Ordo Rosae Rubeae et Aureae Crucis*) trug und angeblich mit den »Geheimen Oberen« in Verbindung stand.[66] Über das Initiations-Ritual in diesen »zweiten« oder »inneren Orden« des Golden Dawn ist folgendes bekannt:

AUFNAHME IN DEN *INNEREN ORDEN* DES *GOLDEN DAWN* (NACH J. SYMONDS)

Kandidaten für die Aufnahme in diesen »Inneren Orden« wurden während des Aufnahme-Rituals in eine Gruft geführt, die ein Replikat jener Gruft sein sollte, in der Christian Rosencreutz im Alter von 106 Jahren begraben worden war. Diese Gruft des Rosencreutz war Mathers' Lieblingskind:

»Es handelte sich um einen siebeneckigen Holzrahmen von 2,40 m Höhe und 1,50 m Seitenlänge. Das Deckengemälde stellte ein siebeneckiges Ornament dar, das einen siebenzackigen Stern und darin das gen Himmel weisende Dreieck des Feuers zeigte, umschlossen von der zweiundzwanzigblättrigen Rose. Durchs ganze Ornament zogen sich die Pfade und Sephiroth (Emanationen) des Baums des Lebens und der Strahlenkräfte der Sterne. Alles war in Gold und Weiß gearbeitet.

Das Bodengemälde zeigte ein ebenfalls siebeneckiges Ornament gleicher Größe. Auch dieses umschloss einen siebenzackigen Stern, in dem sich das umgekehrte Dreieck (oder Dreieck des Wassers) mit dem nach unten weisenden Horn befand, das vom Großen Roten Drachen der Sieben Häupter umschlungen wurde ... In jedem Winkel des Dreiecks waren die Namen der Engel der Finsternis – Satariel, Uriel und Thaumiel – geschrieben. Aber inmitten dieses Dreiecks des Bösen leuchtete das erlösende Symbol des Goldkreuzes, versehen mit der Roten Rose der sieben mal sieben Blütenblätter. Dieses Bildnis war in Weiß und Schwarz gehalten, während der siebenköpfige Drache scharlachrot gemalt war.

Jede der sieben Wände wurde in vierzig Quadrate unterteilt, die Symbole des Tierkreises, der Astrologie, der Alchimie oder hebräische Buchstaben enthielten ...

Kandidaten des Inneren Ordens wurden in die Gruft geführt, wo sie einen Altar vorfanden. Die Zweiten und Dritten Adepten entfernten sodann den Altar, so dass ein Sarg (pastos) sichtbar wurde, dessen Deckel sie abhoben. Dann erschien der Oberste Adept in vollem Ornat mit der Ägyptischen Kapuze. Er symbolisierte den unverderbbaren Körper des Christian Rosenkreutz. Mit geschlossenen Augen deklamierte der Oberste Adept – bis 1897 in London Dr. Westcott – sodann: ›Begraben mit dem Licht in mystischem Tod, wiederauferstanden in mystischer ressurectio, gereinigt und geläutert durch Ihn unseren Herrn, O Brüder des Kreuzes und der Rose, O Adepten aller Zeit, die Ihr die mühsame Arbeit verrichtet wie Er.‹ Dann wurde dem neu Initiierten der Symbolismus der Gruft erklärt.«[67]

Als es erneut zu Spannungen unter den Ordensmitgliedern kam, wurde diesem »zweiten Orden« von Mathers noch ein »dritter Orden« – *Astrum Argentum* – hinzugefügt. In diesem »dritten Orden« hielt Mathers »astrale Verbindung« zu den »Geheimen Oberen« als den »nichtinkarnierten Inspiratoren« des Golden Dawn, um dadurch seine Führungsrolle zu sichern.

Obwohl auch für den Golden Dawn das Prinzip der Autorisierung oder Initiation in eine ältere Tradition eine fundamentale Rolle spielt, gewinnt die praktische oder Zeremonial-Magie hier eine stärkere Rolle als in vergleichbaren Orden. Die Ausübung der Magie war aber den Mitgliedern des inneren Ordens vom Rosenkreuz vorbehalten, über den Mathers die absolute Befehlsgewalt ausübte. Das im Golden Dawn gebräuchliche so genannte »Hermetische Rosenkreuz« (s. S. 55) ist dementsprechend mehr als nur ein Symbol geistiger Bestrebungen, wie bei anderen Rosenkreuzer-Organisationen. Es hat darüber hinaus auch die Funktion eines magischen Talismans und wird bei den magischen Riten und Ordensversammlungen getragen. Der Adept muss es selbst anfertigen und weihen. Es ist ungewöhnlich farbig und überladen mit okkulter, magischer, kabbalistischer, alchemistischer und astrologischer Symbolik. Damit fasst es wie kein anderes Rosenkreuzer-Symbol die umfassenden Bestrebungen des modernen Okkultismus zusammen. Ein inhaltlicher Bezug zum christlichen Rosenkreuzertum der Manifeste des 17. Jahrhunderts ist trotz der Form eines Kreuzes nicht mehr vor-

Hermetisches Rosenkreuz

handen. Es handelt sich gewissermaßen um eine Lehrtafel des modernen Okkultismus. Selbst die Buchstaben I.N.R.I. werden nicht mehr mit dem Kreuz Jesu Christi auf Golgatha, sondern mit dem ägyptischen Osiris-Mythos in Verbindung gebracht.

Im Internet (2004) wird seine Bedeutung vom *Rosenkreuzerischen Orden Alpha+Omega* wie folgt erläutert:

> Das Rosenkreuz stellt symbolisch die Kräfte dar, die im Energiekörper eines voll eingeweihten Adepten erweckt werden. Ferner veranschaulicht es die Harmonie und das Gleichgewicht ihrer Wirkung, wie sie durch die vier Elemente, die sieben überlieferten Planeten und die zweiundzwanzig Blätter der Rose verkörpert wird.

Weiter heißt es in dieser Erläuterung:

> Die drei konzentrischen Kreise aus hebräischen Buchstaben im Zentrum der Abbildung sind in Gruppen von drei, sieben und zwölf Buchstaben unterteilt. Diese Einteilung stammt aus dem *Sefer Jesirah* oder »Buch der Schöpfung« der alten Kabbalisten. Der innerste Kreis entspricht dem ersten Orden und den Kräften der Elemente. Der zweite Kreis entspricht dem zweiten Orden wie auch den sieben überlieferten Planeten, während der dritte dem dritten Orden und den Tierkreiszeichen entspricht.

Mitglieder des Golden Dawn waren bekannte Persönlichkeiten der Literaturgeschichte, allen voran der irische Literaturnobelpreisträger von 1923, William Butler Yeats (1865–1939). Er trat 1887 der Theosophischen Gesellschaft bei und 1890 dem Golden Dawn, wo er bald eine Führungsrolle spielte. 1897 verfasste Yeats *Die chymische Rose*. Sein Streit mit Mathers und Crowley, dem er die Initiation in den »Inneren Orden« vom Rosenkreuz verweigerte, »weil wir eine mystische Gesellschaft für etwas anderes ansehen denn als eine Besserungsanstalt«[68], leitete um 1900 das Ende des Golden Dawn ein, der sich in mehrere sich bekämpfende Richtungen auflöste. Weitere Mitglieder des Golden Dawn waren neben Aleister Crowley (1875–1947)[69], der späteren Kult-Figur des Neo-Satanismus, auch Bram Stoker (1847–1912), der Autor des Romans *Dracula*, und Arthur Edward Waite (1857–1942), der Schöpfer eines der gebräuchlichsten Tarot-Systeme des 20. Jahrhunderts. Waite gründete 1903 und 1915 eigene Rosenkreuzerorden. 1919, zur Zeit der Krise des Ordens, wurde auch die Esoterik-Autorin Violet Mary Firth (1890–1946), bekannter unter ihrem Autoren-Namen »Dion Fortune«, in den Londoner Tempel *Alpha et Omega* des Golden Dawn initiiert.

Nach dem Niedergang des Golden Dawn im ersten Drittel des 20. Jahrhunderts kam es in den letzten 25 Jahren zu einer erstaunlichen Neubelebung des Interesses an dem von diesem Orden hinterlassenen und erstmals 1937 von Israel Regardie (1907–1985) veröffentlichten Material. Zudem beziehen sich zahlreiche neugegründete esoterische Organisationen auf den Golden Dawn. Als Beispiel sei ein im Internet auftretender Anbieter von Golden-Dawn-basierten Foren, Trainings und Einweihungen erwähnt, der sich inhaltlich stark an das vom »inneren« oder »zweiten Orden« des Golden Dawn, dem *Ordo Rosae Rubeae et Aureae Crucis (R.R. et A.C.)* überlieferte Material anschließt:

> Für jene, die gerade ihre esoterische Reise beginnen, bietet der *Rosenkreuzerische Orden von Alpha+Omega* eine freie online-Gemeinschaft für Allein-Praktizierende der *Golden Dawn*-Tradition im »Kreis der Isis«, einem auf unserer Webseite angesiedelten Forum. Für den ernsthaft motivierten Studenten bieten wir eine Online-Mitgliedschaft in unserem Orden an; Mitglieder erhalten dort überwachtes Training und Qualifikation für Grad-Beförderungen durch den *Harparkrat Cyber-Tempel*, den ersten auf dem Internet basierenden Tempel für *Golden Dawn*-Mitglieder in der Ferne. Und schließlich bieten wir all unseren Mitgliedern qualitative, physische Initiationen in unserem weltweiten Netzwerk von *Hermetic Order of the Golden Dawn*-Tempeln, jeder lizenziert, beurkundet und betrieben vom *Rosenkreuzerischen Orden von Alpha+Omega*.[70]

Der *Rosicrucian Order Alpha+Omega* degradiert den Golden Dawn zu seiner »äußeren Manifestation«, um sich dadurch selbst »als den einzigen verbliebenen Golden-Dawn-Orden unter direkter Führung und Schutz der Geheimen Oberen des Dritten Ordens« präsentieren zu können, den Mathers 1906 in Paris gegründet hatte. Über die von Crowley und Regardie öffentlich zugänglich gemachten Materialien hinaus versteht man sich als »geheimer, innerer Rosenkreuzerischer Studienkreis, welcher unveröffentlichte Theurgie (Magie) und Alchemie praktiziert«. Das geheime Material soll Ordensmitgliedern im Jahr 2002 in Paris von ebenjenem Abgesandten der »Geheimen Oberen« mit Namen »Frater Lux E Tenebris« übergeben worden sein, mit dem sich bereits Mathers 1891 im Bois de Boulogne[71] getroffen hatte, um danach den inneren *Order of the Red Rose and the Golden Cross* zu gründen. Anstatt nur bereits veröffentlichtes theoretisches Material anzubieten, das in jedem Esoterik-Buchladen erhältlich ist, beansprucht der *Rosenkreuzerische Orden Alpha+Omega* von daher eine »initiatorische Autorität«, die sich, wie bei Mathers, unmittelbar aus dem Kontakt zu den »Geheimen Oberen« des Golden Dawn herleitet.

Die wichtigsten der im deutschen Sprachraum heute noch aktiven Gemeinschaften dieses okkulten Neo-Rosenkreuzertums haben sich allerdings nicht aus der Golden-Dawn-Tradition heraus entwickelt, sondern aus anderen, davon unabhängigen Traditionssträngen.

■ Eine typische Repräsentantin des »theosophischen Rosenkreuzertums« ist *Die Rosenkreuzer-Gemeinschaft* (*The Rosicrucian Fellowship*). Im Jahr 1907 reist der Vizepräsident der Theosophischen Gesellschaft von Kalifornien, Max Heindel (eigentlich: Carl Louis Frederik Graßhoff; 1865–1919), nach Berlin, um den Generalsekretär der dortigen Theosophen, Rudolf Steiner, persönlich kennen zu lernen. Die Begegnung verläuft enttäuschend. In niedergedrückter Stimmung ist Heindel im Begriff, wieder nach Amerika zurückzukehren, als ihm ein »Älterer Bruder« des Ordens der Rosenkreuzer erscheint. Er bietet an, ihm die bei Steiner vermissten Lehren zu erteilen. Wieder zurück in den USA, veröffentlicht Heindel 1909 in Chicago sein Hauptwerk: *The Rosicrucian Cosmo-*

Conception (*Die Weltanschauung der Rosenkreuzer*[72]). Zur Verbreitung der Lehren dieses Buches wird im gleichen Jahr in Seattle *The Rosicrucian Fellowship* gegründet. Zwei Jahre später wird auf dem »Mount Ecclesia« bei Oceanside in Kalifornien der Grundstein für das Hauptquartier der Gemeinschaft gelegt. 1920, ein Jahr nach Heindels Tod, wird an der gleichen Stelle, wo Heindel 1911 ein Kreuz mit den Buchstaben C.R.C. (Christian Rosencreutz Community) errichtet hatte, ein Rosenkreuzer-Tempel eingeweiht. Dort finden Tempeldienste und Heilungsdienste statt – gemäß der Hauptaufgabe der legendären Rosenkreuzer-Bruderschaft: der Heilung der Kranken. Noch heute befindet sich dort der Hauptsitz dieser Gemeinschaft.

Das Emblem der Rosenkreuzer-Gemeinschaft ist älter als diese selbst und stammt wahrscheinlich von Franz Hartmann:

Das Emblem der Rosenkreuzer-Gemeinschaft

> Die sieben Rosen und der fünfzackige Stern sind nach Heindel »Sinnbilder der zwölf Großen Schöpferischen Hierarchien«, die an der Entwicklung der Erdenwesen beteiligt sind. Da sie Teile eines Ganzen sind, das Heindel »Gott« nennt, ist das Emblem »ein Sinnbild Gottes in seiner Offenbarung«[73].

Die Einweihung in die Rosenkreuzerlehren vollzieht die Organisation durch eine Reihe von Einführungskursen im Anschluss an die Lektüre von Heindels umfangreichem Buch über *Die Weltanschauung der Rosenkreuzer*. Heindels Lehre ist stark von der monistischen Weltanschauung der Theosophie Helena Blavatskys geprägt, von der er sich, ähnlich wie Steiner und die Anthroposophie, durch die Schaffung einer eigenen Rosenkreuzer-Lehre absetzte. Diese Lehre beinhaltet einen siebenstufigen Schulungsweg. Er reicht von der »Vorbereitungsstufe« über die »Schüler-Stufe«, die »Prüfungsstufe«, die »Jüngerschafts-Stufe«, die »Stufe der Laienbrüder oder Laienschwestern«, die »Stufe der Adeptschaft« bis hin zur »Stufe der Älteren Brüder«.

Letztere sind, nach dem Modell der »Aufgestiegenen Meister« oder »Mahatmas« der Theosophen, hoch entwickelte geistige Wesen, »Hüter der Heiligen Lehren«, die die geistige Entwicklung der Menschen lenken und inspirieren, damit diese sich ebenfalls auf eine höhere geistige Ebene entwickeln und vervollkommnen können. Die zwölf »Älteren Brüder« bilden zusammen mit einem Dreizehnten, ihrem Haupt Christian Rosencreutz, den eigentlichen – unsichtbaren, auf rein geistiger, okkulter Ebene existierenden – Rosenkreuzer-Orden, von dem man die irdische, sich Rosenkreuzer-Gemeinschaft nennende Organisation zu unterscheiden hat. Als »Rosenkreuzer« gelten nur die »Älteren Brüder« dieses unsichtbaren, geheimen Ordens.

Die Rosenkreuzer-Gemeinschaft führt den Schüler maximal bis zur Stufe eines »Laienbruders«, der als Initiierter ganz im Dienst der »Älteren Brüder« steht. Selbst Max Heindel hatte es nur bis zu dieser Stufe gebracht. Allerdings soll es einem »Laienbruder« möglich sein, seinen Körper bewusst zu verlassen und in seinem Astralleib an den Tempeldiensten auf dem

Mount Ecclesia in Kalifornien teilzunehmen. Ein »Adept« befindet sich bereits auf einer so hohen geistigen Stufe, dass er nicht auf dieser Erde inkarnieren muss. Die Gemeinschaft der »Älteren Brüder«, der eigentliche Rosenkreuzer-Orden, ist wiederum nur »Bindeglied zu einem höheren Zentralrat, der aus Hierophanten der größeren Mysterien besteht. Dieser Rat befasst sich gar nicht mit der gewöhnlichen Menschheit.«[74] Christian Rosencreutz, der zur Zeit Christi als Lazarus inkarniert gewesen sei, habe im Jahr 1313 den geheimen Rosenkreuzer-Orden mit dem Zweck gegründet, »esoterisches Licht auf die missverstandene christliche Religion zu werfen und die Geheimnisse des Lebens und des Seins vom wissenschaftlichen Standpunkt in Harmonie mit der Religion zu erklären«[75].

Im deutschen Sprachraum, wo sie nie über 500 Mitglieder hinauskam, ist die Rosenkreuzer-Gemeinschaft Max Heindels heute allerdings zahlenmäßig bedeutungslos.

■ Eine gelegentlich durch Werbung auffallende, zahlenmäßig ebenso bedeutungslose Kleingruppe ist der *Orden vom Rosenkreuz AAORRAC*. Die Abkürzung bedeutet nach eigenen Angaben: *Antiquus (Ehrwürdiger) Arcanus (Geheimer) Ordo (Orden) Rosae (Rose) Rubeae (Rubinrot) Aureae (Golden) Crucis (Kreuz)*. Die Gruppe führt ihre Abstammung auf den Orden der Gold- und Rosenkreuzer zurück, der nach ihrer Ableitung seit 1710 »den Namen des Gülden und RosenCreutzes führte und heute schlicht Orden vom Rosenkreuz heißt«. *Orden der Roten Rose und des Goldenen Kreuzes* hieß aber auch der »innere Orden« des Golden Dawn. Der AAORRAC hat seinen Sitz jetzt in Klosterneuburg bei Wien, nachdem der frühere Ordenssitz, die Burg Krämpelstein an der Donau, 1984 vollständig abgebrannt war. Auf diese Burg hatte sich der

Ordensgründer, der österreichische Dichter Eduard Munninger (1901–1965), zurückgezogen und 1952 den AAORRAC gegründet. Nach seinem Tod kam es zu internen Streitigkeiten und schließlich zur Neugründung des Ordens in Klosterneuburg.

Als seine Hauptaufgabe bezeichnet der Orden in seinem Internet-Auftritt (2004) die »Verbreitung der Pansophie, worunter man eine religiöse Naturphilosophie versteht, die in den Schriften des Comenius und Paracelsus auftaucht«. Der Orden präsentiert sich dort auch als Hüter »rituellen Wissens« und der Möglichkeit, »die Stufen der Initiation zu erfahren und auf dem esoterischen Pfad aufwärts zu schreiten«. Dieser mystische Stufenweg soll zur »Einswerdung mit dem Göttlichen« führen, wobei die Rituale eine Vermittlungsaufgabe erfüllen. Diese sind stark gnostisch gefärbt, wie folgende Ausschnitte aus bekannt gewordenen Ritualtexten zeigen. So heißt es im *Rosenkreuzer-Zeremonial*:

> Denn wo er [gemeint ist »Christus«] aufersteht im Menschenherzen, wo der Mensch erwacht zu seinem SELBST und damit erkennt, dass er zum Menschensohn geboren ist ... durch die Selbsterkenntnis, die wir GNOSIS nennen, da gibt es keinen Tod! ... Im Bewusstsein unseres Einsseins mit Dir, o Vater, Gott, Alleiniger und Urgrund allen Seins, sind wir vollkommen, vollkommen als Gott und Mensch.

Im *Gnostischen Glaubensbekenntnis* heißt es unter anderem:

> Ich glaube an die vollkommene Gnosis von oben, die uns Menschen als Lichtseelen nach oben ziehet zu IHM, dem Alleinigen, in sein Reich des Lichtes, wo er bleibt, bis die ganze Benetzung des Lichtes gesammelt und empor gerückt sein wird zur letzten Vereinigung mit ihm in seiner unvergänglichen Wesenheit.[76]

Im Unterschied zur Rosenkreuzer-Gemeinschaft oder zum AAORRAC treten die beiden folgenden neo-rosenkreuzerischen Organisationen im deutschen Sprachraum auch mit öffentlichen Vortragsveranstaltungen stärker in Erscheinung.

■ Schon vor 1920, als der Rosenkreuzer-Tempel bei Oceanside eingeweiht wurde, war in den USA bereits eine weitere Rosenkreuzer-Organisation öffentlich in Erscheinung getreten: der *Ancient Mystical Order of the Rosy Cross* – abgekürzt *A.M.O.R.C* (*Alter Mystischer Orden vom Rosenkreuz*). Der Ordensgründer, der amerikanische Journalist und Parapsychologe Harvey Spencer Lewis (1883–1939), wurde dazu wahrscheinlich 1909 durch Studien zum Rosenkreuzertum in Frankreich angeregt. Er soll in Toulouse initiiert worden sein und den Auftrag zur Gründung eines Ordens in den USA erhalten haben.

Bei diesen Toulouser Rosenkreuzern soll es sich um eine Tradition handeln, auf die sich auch die Gründer des 1888 in Frankreich ins Leben gerufenen *Ordre Kabbalistique de la Rose-Croix* (*Kabbalistischer Orden des Rosenkreuzes*) stützten, zu denen Lewis ebenfalls Kontakt gehabt haben soll. Unter diesen war namentlich Joséphin Péladan (1858–1918) eine bedeutende Persönlichkeit in der französischen Kulturszene um die Jahrhundertwende. Er war 1888 an der Gründung des Kabbalistischen Ordens des Rosenkreuzes durch den Marquis Stanislas de Guaita (1861–1897) und den Arzt Dr. Gérard Encausse (Pseudonym: Papus; 1865–1916) beteiligt und gründete 1890 seinen eigenen, Katholizismus, Rosenkreuzertum und Magie verbindenden *Ordre de la Rose Croix Catholique, du Temple et du Graal (Orden des Katholischen Rosenkreuzes, des Tempels und des Grals)*. Seit 1893 organisierte er in Paris die *Salons de la Rose-Croix*, die mit ihrer Mixtur aus Décadence, Symbolismus, Katholizismus und Okkultismus ein originelles Kulturzentrum des Fin de siècle darstellten. Künstler wie Moreau, Rops oder Rouault stellten dort ihre Werke aus, der Komponist Erik Satie (1866–1925) komponierte für Péladans rosenkreuzerisches Orchester drei »Sonnières de la Rose Croix«[77]. Péladan selbst verfasste esoterische Dramen wie zum Beispiel *Le Mystère des Rose-Croix* und übte seinen künstlerischen Einfluss auch über Frankreich hinaus aus. Von seinem Neorosenkreuzertum sind auch die großfigurigen Allegorien des Schweizer Malers Ferdinand Hodler (1853–1918) beeinflusst.[78]

Nach seiner Rückkehr aus Frankreich gab Lewis im Jahr 1915 in New York die Gründung des AMORC bekannt, der sich seitdem zur größten heute bestehenden Rosenkreuzer-Organisation der Welt entwickelte.

Die »Oberste Großloge« des Alten Mystischen Ordens vom Rosenkreuz mit einem »Imperator« an der Spitze hat derzeit ihren Sitz in Lachoute bei Montreal in Kanada. Zuvor hatte sich das Hauptquartier des Ordens lange Zeit im »Rosicrucian Park« in San Jose (Kalifornien) befunden. Von den USA aus breitete sich der AMORC nach dem Zweiten Weltkrieg über alle Kontinente aus und ist heute mit rund 250 000 Mitgliedern in nahezu 100 Staaten vertreten, wobei die meisten allerdings in englischsprachigen Ländern zu Hause sind. Sitz der ca. 3000 Mitglieder umfassenden Großloge der deutschsprachigen Länder mit einem Großmeister an der Spitze ist Baden-Baden.

Der AMORC versteht sich nach eigener Verlautbarung als »der sichtbare Teil der unsichtbaren Großen Weißen Bruderschaft«[79], als die größte und älteste Bruderschaft der Welt. Der Orden führt sich auf eine ägyptische Mysterienschule zurück, die 1489 v. Chr. von Pharao Thutmoses III. gegründet worden sei. Um

1350 v. Chr., zur Zeit des Pharaos Amenhotep IV., bekannter als Echnaton, sei der Orden für alle gebildeten und interessierten Menschen geöffnet worden. Fast alle prominenten Denker der Antike, von Pythagoras über Sokrates, Platon und Aristoteles bis Cicero und Seneca, werden mit der Behauptung, sie hätten in Ägypten die Einweihung in diesen Orden empfangen, als »Rosenkreuzer« vereinnahmt. Die historischen Rosenkreuzer-Manifeste des 17. Jahrhunderts spielen dagegen für den AMORC nur eine untergeordnete Rolle. Sie sollen nicht von Johann Valentin Andreae, sondern von Francis Bacon stammen, der vom AMORC als »Imperator« des Ordens vom Rosenkreuz betrachtet wird und dem man auch die Abfassung der Dramen Shakespeares zuschreibt. Laut AMORC waren unter anderem auch Jules Verne, Claude Debussy, Erik Satie und Edith Piaf Mitglieder des Ordens.[80]

Dessen Hauptziel ist es, der Menschheit die esoterischen Gesetze und übernatürlichen Fähigkeiten zur »Meisterung des Lebens« zu vermitteln. Manches erinnert an freimaurerische Gebräuche: So bekommt der Schüler, nachdem er im »Heim-Sanktuarium« mit Hilfe eines Spiegels seine Selbst-Einweihung vorgenommen hat, bei der Aufnahme Erkennungszeichen, Passworte und Handgriffe für die Mitgliedertreffen und kultischen Versammlungen mitgeteilt.[81]

Das Gradsystem des AMORC (s. S. 66) lehnt sich an das des Ordens der Gold- und Rosenkreuzer von 1777 an. Man unterscheidet drei Neophytgrade, neun Tempelgrade und zwei Hochgrade mit entsprechenden Erkennungszeichen und Lehrinhalten.[82]

DAS GRAD-SYSTEM DES AMORC

In der Spalte »Lehrinhalt« sind nur die auffälligsten Merkmale aufgeführt. »PW« bedeutet Passwort. Die beiden letzten Grade, die teilweise parallel laufen, haben praktisch keine zeitliche Begrenzung. In einzelnen Graden muss noch ein besonderer Eid geleistet werden.

Grad	Titel	Erkennungszeichen	Lehrinhalt	Dauer (Monate)
1.	(Einführung)	Kreuzzeichen	Zeit und Raum; Anziehungskraft	3
Neophytgrade				
2.	Neophyt I	PW: REFLEKTION + Griff	Kreuz und Rose; Konzentration; Dreiecke; Karma	6
3.	Neophyt II	PW: MAAT/CRO -MAAT + Zeichen 1	Selbstentsagung; ägypt. Götter; Buddhismus, Reinkarnation	7
4.	Neophyt III	PW: MAORD-MAORC + Zeichen 2/1/3	Einbildungskraft; Kathedrale der Seele	8
5.	Postulant	Mitgliedsnummer plus »X«	Stoiker	2
Tempelgrade				
6.	Zelator	keine	Unterschied zwischen toten und lebendigen Körpern; Paracelsus	5
7.	Theorikus	PW: ARC + Zeichen 4 + Fußstellung im rechten Winkel	Kant, Francis Bacon, Augustinus	5 ½
8.	Praktikus	PW: KAY-I-RA, sonst wie 7. Grad	Konzentration; kosmische Harmonie; Schiller	5 ½
9.	Philosophus	PW: MATHREM (wird abwechselnd buchstabiert)	Nous; Nodin; Empedokles, Edison; Erdstrahlen, Sonnenstrahlen	7
10.	Adeptus Junior	PW: ASTRO + Zeichen 5	Heraklit, Pascal	4 ½
11.	Adeptus Major	PW: THOKATH + Zeichen 6	Vital-Energie; Polarisation	12 ½
12.	Adeptus Extemptus	PW: REGULUS + Zeichen 6	Intuition, Meditation, Konzentration; Blavatsky, Swedenborg	10

Grad	Titel	Erkennungszeichen	Lehrinhalt	Dauer (Monate)
13.	Magister Templi	PW: EMINEO + Zeichen 6	Gott und Natur; »Gott ist die Natur«; Papus, Blavatsky	15
14.	Magus oder Verschleierter Prophet	PW: MAR + Zeichen 6	»Jeder ist selbst Gott«; Sokrates, Blavatsky	20

Hochgrade

15.	Auserwählter	wie 14. Grad	Fragmente der Meister von Tibet; Christus ein Rosenkreuzer; Sonnengebet	40
16.	Illuminatus oder Ipsissimus, Älterer Bruder		wie 15. Grad; kosmischer Rat	40

DIE ZEICHEN (ERKENNUNGSZEICHEN) DES AMORC

Grad	Zeichen
Vorstufe	Kreuzzeichen
Neophyt 1	Rosenkreuzergriff: Man gibt dem anderen die Hand und drückt dabei dreimal leicht auf den Knöchel des Zeigefingers
Neophyt II	Bittzeichen: Die Arme vor der Brust so kreuzen, dass der linke Unterarm unten liegt, während die rechte Hand auf dem linken Oberarm ruht
Neophyt III	Linke Handfläche auf die Herzgegend legen, Kopf leicht zur Seite neigen und Blick nach oben richten. Dann Bittzeichen. Danach linken Zeigefinger auf die Lippen
Postulant	ohne
Tempelgrad 1	ohne
Tempelgrad 2	Füße so zusammenstellen, dass die Fersen sich berühren und die Fußspitzen einen Abstand von ca. 25 cm haben; gleichzeitig Hände vor der Brust zusammenlegen, dass sich die Fingerspitzen berühren, die Handteller aber 5 cm entfernt sind
Tempelgrad 3	wie Tempelgrad 2
Tempelgrad 4	Sieben Schritte zu je ca. 25 cm vorwärtsgehen, dann Passwort fragen
Tempelgrad 5	Der anderen Person die Hände auf die Schulter legen und in die Augen sehen
Tempelgrad 6	Mit dem Zeigefinger auf der Stirn ein Kreuz von 4 cm Balkenlänge zeichnen
Tempelgrad 7	wie Tempelgrad 6
Tempelgrad 8	wie Tempelgrad 6
Tempelgrad 9	ohne
Tempelgrad 10	ohne

Der AMORC versteht das Rosenkreuz ausdrücklich nicht als christliches Kreuz[83], ja es hat nicht einmal eine religiöse Bedeutung, sondern symbolisiert Körper (Kreuz) und Seele (Rose) des Menschen. In seinen Umrissen entspricht es dem »Hermetischen Rosenkreuz« des Golden Dawn, jedoch ohne die Fülle an okkult-magischen Symbolen und Bezügen.

Emblem des AMORC

Die Zuordnung Jesu »zu den Meistern, die sich zu verschiedenen Zeiten inkarniert haben«, als ein »Avatar der Großen Weißen Bruderschaft«[84], spiegelt den bekannten theosophischen Religionssynkretismus wider. Diese synkretistische Nivellierung Jesu ist wohl schwerlich mit der universalen Jesus-Vorstellung der historischen Rosenkreuzer-Manifeste (»Jesus mihi omnia«; s. o. S.13) in Einklang zu bringen.

■ Noch eine weitere neo-rosenkreuzerische Okkultgruppe hat eines ihrer Zentren im Schwarzwald – nur ca. 70 Kilometer entfernt vom Sitz des AMORC in Baden-Baden – in Calw, einem für Rosenkreuzer wichtigen Ort. Hier, an der früheren Wirkungsstätte von Johann Valentin Andreae, befindet sich im »Christian-Rosenkreuz-Heim« das süddeutsche Zentrum der *Internationalen Schule des Goldenen Rosenkreuzes*

– *Lectorium Rosicrucianum.* Diese Gruppe entwickelte sich nach einer Werbeschrift aus den Kontakten des Holländers Jan Leene (1896–1968) zur niederländischen Studiengruppe der Rosenkreuzer-Gemeinschaft Max Heindels, deren Leitung Leene 1929 selbst übernahm. 1935 machte sich Leene mit seinen Anhängern selbstständig. Unter dem Pseudonym »Jan van Rijckenborgh« verfasste er die Grundschriften dieser neuen Rosenkreuzer-Organisation. Seit den 50er Jahren fasste die Gruppe auch in Deutschland Fuß, wo sie es in den 90er Jahren bis auf ca. 2800 »Schüler« und ca. 1000 »Mitglieder« brachte. Weltweit gibt sie etwa 10 000 Personen als »Mitglieder« und als »Schüler« an.

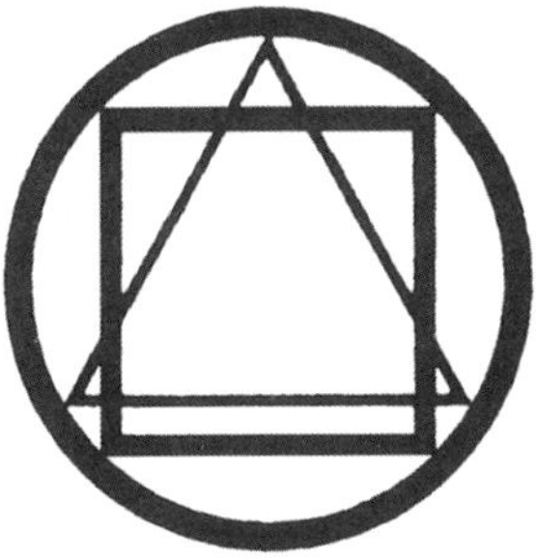

Hauptemblem der Internationalen Schule des Goldenen Rosenkreuzes – Lectorium Rosicrucianum

Das Hauptemblem dieser Gruppe lässt allerdings einen direkten Bezug zur Rosenkreuzer-Symbolik vermissen. Im Internet gibt sie ihm selbst folgende Deutung:

> Der *Kreis* symbolisiert die Ewigkeit, die Unendlichkeit, auch den Mikrokosmos. Das *Dreieck* ist das Symbol für die drei großen Kräfte, die vom Logos ausgehen und angedeutet werden als Vater, Sohn und Heiliger Geist. Das *Viereck* stellt das Fundament für den Bau des neuen Menschen dar.[85]

Vor allem aber auch von dem gesellschaftskritischen Impuls des ursprünglichen Rosenkreuzertums Andreaes hat sich die esoterische »Geistesschule« des Lectorium Rosicrucianum weit entfernt: Seit der Begegnung ihres Gründers mit dem französischen Historiker und Höhlenforscher Antonin Gadal (1877–1962), der sich selbst als letzter Patriarch der Katharer-Bruderschaft verstand, wurde ihr auch das Erbe dieser gnostisch-manichäischen Sekte des Hochmittelalters übertragen. Als eine Art erneuerter Manichäismus bezieht man sich auf die Katharer und Albigenser zurück, versteht sich selbst zum Teil sogar als »wiederverkörperte Katharer« und lehnt daher das Streben nach einer besseren Gesellschaftsordnung im Diesseits als vergebliche Liebesmüh ab. Die Arbeit der »Geistesschule« gilt – gut gnostisch-manichäisch – der Befreiung des in der linken Herzkammer des Menschen verborgenen »Geistfunkenatoms« aus dem irdischen Elend. Wenn dieser vor Äonen »aus der Einheit mit dem Glanz Gottes« herausgefallene göttliche Funken infolge der vielen Enttäuschungen im Leben eines Menschen erwacht, will ihm die »Geistesschule« durch ihr elektromagnetisches gnostisches »Kraftfeld« beistehen, in dem die »kosmische Gnosisstrahlung« gebündelt ist: Sie bietet dem Schüler durch Teilnahme an »Erneuerungskonferenzen« und »Tempeldiensten« einen mehrstufigen »Transfigurationsweg« zur Umwandlung in einen »neuen, göttlichen Menschen« an.[86] Ob so viel Distanz zur »bösen Welt« den reformfreudigen Impuls der frühen Rosenkreuzer trifft, und damit: ob sie sich zu Recht »Rosenkreuzer« nennen, erscheint daher allerdings recht fraglich.

■ Wie solch gnostisch-elitäre Weltverachtung direkt in Aggression und Gewalt umschlagen kann, zeigte sich vor einigen Jahren bei den als »Transit zum Sirius« getarnten Mord- und Selbstmord-Aktionen im *Sonnentempler-Orden (Ordre du Temple Solaire)*. Dessen Gründer, Joseph di Mambro (1924–1993), gehörte zwischen 1956 und 1968 dem AMORC an und leitete die Loge im französischen Nîmes. Der andere Kopf dieser Gruppe, der Arzt Luc Juret (1947–1993), war Großmeister des vom ehemaligen AMORC-Großmeister Frankreichs, Raymond Bernard, mitbegründeten *Ordre Rénové du Temple*.

Bei diesen Gewalttaten fanden in Kanada, in Frankreich und in der Schweiz insgesamt 74 Sektenanhänger den Tod. Die Führer dieses Okkultordens inszenierten die Massaker als Teil eines Mythos, der sich theoretisch an den zweiten Rezeptionsstrang der Rosenkreuzer-Idee innerhalb der Esoterik anlehnt, in dem namentlich die »Älteren Brüder des Rosenkreuzes« eine Rolle spielen. Im Prozess gegen einen der mutmaßlichen Anführer der Sonnentempler, den Schweizer Dirigenten Michel Tabachnik, in Grenoble im Frühjahr 2001 zeigte sich, dass es sich bei der von ihm 1991 ausgerufenen *Rosenkreuzer-Allianz* wahrscheinlich um den »harten Kern« des Sonnentemplerordens handelt. 1994 sagte Tabachnik bei einem Vortrag in Avignon, die Rosenkreuzer würden demnächst eine »Reise« antreten – zehn Tage später wurden die Leichen von 53 Sonnentemplern in der Schweiz und in Kanada gefunden. Die Anhänger erläuterten ihr Vorgehen in testamentarischen Texten und auf Videokassetten, die die fassungslose Weltöffentlichkeit 1994 nach ihrem gewaltsamen Tod erreichten. Zwei dieser Kassetten sind mit *Testament des Rosenkreuzes* betitelt:

> Wir, treue Diener des Rosenkreuzes, erklären: So wie wir eines Tages verschwunden sind, werden wir wiederkehren ... denn das Rosenkreuz ist unsterblich ... Gleich ihm sind wir von jeher und auf immer.[87]

Mit ihrem »Transit« zum Sirius sei der »Zyklus der adamitischen Menschheit« zu Ende. Ein neuer Evolutionszyklus beginne auf einer anderen Erde, die das von »echten Dienern des Rosenkreuzes angereicherte Schwingungskapital« übernehme.[88]

Mit diesem Umschlagen in Weltverachtung und Verbrechen ist wohl der absolute Gegenpol dessen erreicht, was Johann Valentin Andreae mit seiner Rosenkreuzer-Idee ursprünglich beabsichtigte: An die Stelle der Kultivierung der Erde durch ständige Reformierung von Wissenschaft, Ethik und Religion ist eine menschenverachtende Barbarei getreten, der »Ausstieg« aus dieser Welt mit ihren Problemen, aber auch ihren Verheißungen. Weltanschaulich bleibt bei diesen und anderen esoterischen Neo-Rosenkreuzern nur noch die Tradierung einer »unpolitischen Theosophie«[89] übrig. Die hermetisch-pansophische Naturphilosophie des älteren Rosenkreuzertums hat bei diesen neognostischen Individualisten nur noch dekorative Bedeutung als Zitat.

Das passt allerdings zu einer Zeit postmoderner Beliebigkeit der Lebensstile und der Vergleichgültigung von Religion und Ethik zur Privatangelegenheit des Einzelnen bei zunehmender Säkularisierung und Kommerzialisierung des öffentlichen Lebens. Aber es weist nicht darüber hinaus, wie es das ursprüngliche Rosenkreuzertum mit seiner Idee einer »Generalreformation« der Welt aus christlichem Geist auch heute noch vermag.

DAS ROSENKREUZ ALS SYMBOL FÜR CHRISTENTUM UND AUFKLÄRUNG

Das kulturelle Erbe der Rosenkreuzer-Bewegung und ihres Mythos in Spiritualität, Politik und Wissenschaft fruchtbar zu machen, hat in Vergangenheit und Gegenwart immer wieder Dichter und Denker zu neuen Überlegungen angeregt.

Roland Edighoffer hat auf ein Verständnis des Rosenkreuzes als »spirituelle Methode der Selbstvervollkommnung« für Menschen aller Zeiten aufmerksam gemacht.[90] Nach diesem Verständnis schlummert in jedem Menschen ein »Rosenkreuzer«. Seine Erweckung wird heute vor allem im Rahmen der modernen esoterischen Rezeption des Mythos geübt.

Die Symbolik des Rosenkreuzer-Mythos war aber auch schon vor dessen Erfindung im Kreis um Johann Valentin Andreae in der christlichen spirituellen Praxis lebendig. Nach Gerhard Wehr ist das Rosenkreuz das Hauptsymbol einer christlichen Spiritualität, die im Sinne von Martin Luthers *Kleinem Katechismus* auf der Erfahrung des täglichen Sterbens des alten Menschen basiert, ehe – nach Luther – »täglich herauskommt und aufersteht ein neuer Mensch« – wie die Rose, die am Kreuzesstamm erblüht, für die Auferstehung und das neue Leben steht, das der Sieg über das natürliche, sterbliche Leben ist.[91]

Ganz in diesem Sinn zeigt Luthers Wappen auch das aus einem roten Herzen wachsende schwarze Kreuz in einer weißen Rose, die Sinnbild des neuen, geistlichen Lebens ist.

Das Wappen Martin Luthers

In einem Brief an den Nürnberger Ratsschreiber Lazarus Spengler (1479–1534) vom 8. Juli 1530 deutet Luther sein Wappen als ein »Merkzeichen« seiner Theologie und gibt ihm selbst folgende Erklärung:

> Das erst sollt ein Kreuz sein schwarz im Herzen, das seine natürliche Farbe hätte, damit ich mir selbst Erinnerung gäbe, dass der Glaube an den Gekreuzigten selig machet. Denn so man von Herzen gläubt, wird man gerecht ... Solch Herz aber soll mitten in einer weißen Rose stehen, anzuzeigen, dass der Glaube Freude, Trost und Friede gibt, und kurz in eine weiße fröhliche Rosen setzt, nicht wie die Welt Fried und Freude gibt, darum soll die Rose weiß, und nicht rot sein; denn weiße Farbe ist des Geistes und aller Engel Farbe. Solche Rose stehet im himmelfarben Felde, dass solche Freude im Geist und Glauben ein Anfang ist der himmlischen Freude zukünftig ... Und um solch Feld einen gülden Ring, dass solch Seligkeit im Himmel ewig währet, und kein Ende hat, und auch köstlich über alle Freude und Güter wie das Gold das höchst, köstlichst Erz ist.[92]

Zu seinem Wappen soll Luther den bekannten Vers[93] verfasst haben, der später im christlichen Bürgertum auch manches Poesiealbum zierte:

Des Christen Herz auf Rosen geht,
obs mitten unterm Kreuze steht.

Wie viele Beispiele aus Literatur, Dichtung und Musik zeigen, werden solche spezifisch christlichen Erfahrungen der Erneuerung und Wiedergeburt mittels der Symbolik von Rose und Kreuz aber auch über den religiösen Bereich hinaus verallgemeinert ins Allgemein-Menschliche. Rosenkreuzerische Orientierung, meint Roland Edighoffer, sei durch Universalität und Zeitlosigkeit gekennzeichnet.[94] Alfons Rosenberg hat zum Beispiel auf solche zeitlosen alchemistisch-rosenkreuzerischen Motive in Mozarts *Zauberflöte* mit ihrer Idee eines spirituellen Bruderbunds hingewiesen.[95] Die dramatisch-philosophische Denkweise Johann Valentin Andreaes hat Dichter und Literaten aber auch unmittelbar in ihren Bann gezogen:

Andreaes Dichtung *Chymische Hochzeit: Christiani Rosencreütz* wirkte in ihrer Zeitlosigkeit insbesondere auf Goethe, der nach seiner Erkrankung in Frankfurt selbst unter alchemistisch-rosenkreuzerischen Einfluss geriet. Auf der Grundlage von Andreaes Dichtung hat Goethe dann auch »eine alchemistische Allegorie gestaltet«[96] – das Fragment *Die Geheimnisse* (1784):

> »Bruder Markus wird von unbekannten Oberen beauftragt, eine Pilgerfahrt zu einem mysteriösen heiligen Ort ... zu unternehmen. Er erreicht das Kloster bei sinkender Sonne und erblickt über dem Tor ein geheimnisvolles Bild:
>
> *›Es steht das Kreuz mit Rosen dicht umschlungen, /*
> *Wer hat dem Kreuze Rosen zugesellt?‹*
>
> In einem Prunksaal sitzt der heilige und weise Humanus unter einem Wappen, das ein Kreuz mit Rosenzweigen darstellt, und um ihn sitzen zwölf Vertreter aller Weltreligionen.«[97]

Das Rosenkreuz symbolisiert also für Goethe eine zeitlose Idee der Toleranz, die er dann in dem Roman *Wilhelm Meister* verlebendigt hat.

Zum kulturellen Erbe des Rosenkreuzertums gehört nicht zuletzt auch seine ethisch-politische Dimension. Rosenkreuzerische Orientierung besteht in dieser Hinsicht im Glauben an die Reformierbarkeit der Gesellschaft im christlichen Sinn[98]: Dies ist ihr ethisches Vermächtnis von Andreae her, dessen christliche Utopie in drei Ansätzen Geschichte gemacht hat: 1. im »Rosenkreuzer-Spiel« seiner Studienzeit; 2. in seinen Sozietätsplänen zur Errichtung »Christlicher Gesellschaften« und 3. in seinem kirchlichen Wirken für eine »Reformation des Lebens«, einer »zweiten Reformation«, die wesentlich zur Identitätsbildung des modernen Menschen im Sinne einer Gesellschaftsgestaltung durch innerweltliche Askese beitrug.

Dieses gesellschaftskritische Element gerät in einem Zeitalter des Utopieverlusts und daraus resultierender post-moderner Beliebigkeit in weiten Teilen der heutigen Gesellschaft immer mehr ins Hintertreffen. Insofern war Andreae ein Vorläufer einer christlich geprägten Moderne und deren besten aufgeklärt-humanistischen Traditionen, worauf insbesondere der Tübinger Philosoph Ernst Bloch aufmerksam machte.[99] In seiner großartigen Auslegung von Andreaes *Chymischer Hochzeit: Christiani Rosencreütz* weist er überhaupt auf den Ursprung des Begriffs der »Aufklärung« in der Alchemie jener Zeit hin. *Aufklärung im Zeichen des Rosenkreuzes* ist daher der treffende deutsche Titel des Standardwerks von Frances A. Yates über die Rosenkreuzer-Bewegung.

Von daher ist schließlich auch die Orientierungsleistung des Rosenkreuzertums im Blick auf eine ethische Fundierung von Wissenschaft und Technik zu würdigen.[100] Die historischen Rosenkreuzermanifeste erschienen am Beginn des modernen technologischen Zeitalters mit seinem bis dahin nicht gekannten Machtzuwachs an wissenschaftlich-technischer Naturbeherrschung, dessen ganze Ambivalenz erst in unseren Tagen voll in Erscheinung tritt. Mit dieser Entwicklung ging eine zunehmende Entfremdung zwischen Wissenschaft und christlicher Kultur einher, wofür Andreaes Zeitgenosse Galileo Galilei steht. Dieser Entwicklung gegenzusteuern, war eines der Hauptziele der Rosenkreuzer-Manifeste wie auch des späteren Wirkens von Andreae und Comenius. Jede Kultur wird geprägt von der in ihr herrschenden Auffassung vom Menschen. In einer christlichen Kultur besitzt der Mensch als Ebenbild Gottes[101] den höchsten Wert. Wie die Naturphilosophie der Rosenkreuzer-Schriften oder Comenius' »Pansophie« zeigt, kann sich diese Auffassung aber durchaus verbinden mit einer Hochschätzung des »Lichts der Natur«[102]. Jedenfalls wird das Christentum damit immer auch zu einer Kritik der Mächte, die sich über den Menschen stellen und ihn manipulieren wollen. »Rosenkreuzerische Aufklärung« ist jedoch nicht wissenschafts- oder technikfeindlich. Im Gegenteil: Es geht ihr um Einbindung von Wissenschaft und Technik in eine Kultur, die auf ethisch-religiöse Verantwortung des Menschen gegründet ist – als »wahre Aufklärung« oder »Erleuchtung« – jenseits von apokalyptischer Fortschrittsfeindlichkeit oder ethischem Relativismus.

Die Orientierungsleistung rosenkreuzerischer Aufklärung ist somit letztlich zusammengefasst in dem Namen »Christian Rosencreutz«. Dieser Name ist Symbol und Programm: Die Verbindung des »christianus« mit der archetypischen Symbolik von Rose und Kreuz erweist die ursprüngliche Rosenkreuzer-Idee Andreaes als Ausdruck eines christlichen Menschenbilds, das später zu einem allgemeinen Toleranzideal generalisiert wurde.

ANMERKUNGEN

[1] Wilhelm Kühlmann: »Rosenkreutzer«, in: *Theologische Realenzyklopädie* (TRE), Bd. 29, Berlin/New York 1998, S. 407.

[2] Hier zitiert nach Johann Valentin Andreae: *Fama Fraternitatis (1614). Confessio Fraternitatis (1615). Chymische Hochzeit: Christiani Rosencreutz. Anno 1459 (1616).* Eingeleitet u. hrsg. von Richard van Dülmen (= Quellen und Forschungen zur württembergischen Kirchengeschichte Bd. 6). Stuttgart 1973, S. 15–30.

[3] Die folgende Darstellung stützt sich vor allem auf die im Literaturverzeichnis aufgeführten Werke von Frances A. Yates: *Aufklärung im Zeichen des Rosenkreuzes*. Stuttgart 1975; Richard van Dülmen: *Die Utopie einer christlichen Gesellschaft. Johann Valentin Andreae (1586–1654)*. Stuttgart-Bad Cannstatt 1978; Gerhard Wehr: *Christian Rosenkreuz. Urbild und Inspiration neuzeitlicher Esoterik*. Freiburg i. Br. 1980; Roland Edighoffer: *Die Rosenkreuzer*. München 1995; Monika Neugebauer-Wölk (Hrsg.): *Aufklärung und Esoterik* (= Studien zum achtzehnten Jahrhundert Bd. 24). Hamburg 1999.

[4] *Confessio Fraternitatis, Oder Bekanntnuß der löblichen Bruderschafft deß hochgeehrten Rosen Creutzes / an die Gelehrten Europae geschrieben*, in: *Fama Fraternitatis, Oder Entdeckung der Bruderschafft deß löblichen Ordens des Rosen-Creutzes / Beneben der Confession Oder Bekanntnuß derselben Fraternitet* ... Frankfurt am Main: Johann Bergner 1615, S. 54–82.
Chymische Hochzeit: Christiani Rosencreütz. Anno 1459. Straßburg: Lazarus Zetzner 1616. Neuausgabe in: J. V. Andreae: *Fama Fraternitatis* (Anm. 2), S. 31–42 u. S. 43–124.

[5] J. V. Andreae: *Fama Fraternitatis u. a.*, S. 17.

[6] J. V. Andreae: *Fama Fraternitatis u. a.*, S. 29.

[7] R. v. Dülmen: *Die Utopie einer christlichen Gesellschaft*, S. 84.

[8] J. V. Andreae: *Fama Fraternitatis u. a.*, S. 38, hier zitiert nach Carlos Gilly: »Comenius und die Rosenkreuzer«, in: M. Neugebauer-Wölk (Hrsg.): *Aufklärung und Esoterik*, S. 98.

[9] Vgl. R. van Dülmen: »Einleitung«, in: J. V. Andreae: *Fama Fraternitatis u.a.*, S. 7.

[10] Vgl. Jörg Baur: »Konkordienformel, Konkordienbuch«, in: *Evangelisches Kirchenlexikon* (EKL) Bd. II, 3. Aufl., Göttingen 1989, Sp. 1395.

[11] Siegfried Hermle: »Andreae, Jakob«, in: *Religion in Geschichte und Gegenwart* (RGG) Bd. I, 4. Aufl., Tübingen 1998, Sp. 470.

[12] An Herzog August von Braunschweig-Wolfenbüttel, zit. bei Gerhard Wehr: *Die deutsche Mystik*. Bern / München / Wien 1988, S.275.

[13] J. V. Andreae: *Chymische Hochzeit: Christiani Rosencreutz. Anno 1459*, in: Ders.: *Fama Fraternitatis u. a.*, S. 51.

[14] Helmut Gebelein: »Alchemie«, in: Gerald L. Eberlein (Hrsg.): *Kleines Lexikon der Parawissenschaften*. München 1995, S. 13. Gerhard Wehr: *Die deutsche Mystik*, S. 225f, weist auf die Einheit von Gebet und Arbeit, oratorium und laboratorium bei den Alchemisten hin – im Unterschied zum Auseinanderdriften von Technik und Ethik in der neuzeitlichen Naturwissenschaft.

[15] Vgl. Monika Neugebauer-Wölk: »›Höhere Vernunft‹ und ›höheres Wissen‹ als Leitbegriffe in der esoterischen Gesellschaftsbewegung. Vom Nachleben eines Renaissancekonzepts im Jahrhundert der Aufklärung«, in: Dies. (Hrsg.): *Aufklärung und Esoterik*, S. 186.

[16] Rudolf Schlögl: »Von der Weisheit zur Esoterik. Themen und Paradoxien im frühen Rosenkreuzerdiskurs«, in: M. Neugebauer-Wölk (Hrsg.): *Aufklärung und Esoterik*, S. 80.

[17] Vgl. Heinrich Bornkamm: »Andreä, Johann Valentin«, in: *Die Religion in Geschichte und Gegenwart* (RGG) Bd. I, 3. Aufl., Tübingen 1957, Sp. 367: Die »angebliche Bruderschaft war zwar nur ein Phantasiegebilde, blieb aber ein dauerndes Wunschziel A.s.« – was seine geistige Urheberschaft des Mythos noch nachträglich stützt!

[18] J. V. Andreae: *Christianae Societatis Imago*. Straßburg: Zetzner 1619.

[19] J. V. Andreae: *Turris Babel sive Judiciorum de Fraternitate Rosaceae Crucis Chaos*. Argentorati: Zetzner 1619. – Vgl. dazu R. v. Dülmen: »Einleitung«, in: J. V. Andreae: *Fama Fraternitatis u. a.*, S. 11f; Martin Brecht: »Der Babylonische Turm oder das Chaos der Urteile über die Rosenkreuzerbruderschaft. Johann Valentin Andreaes Absage an die Rosenkreuzer«, in: *Das Erbe des Christian Rosenkreuz. Vorträge gehalten anlässlich des Amsterdamer Symposiums 18.–20. November 1986: Johann Valentin Andreae 1586–1986 und die Manifeste der Rosenkreuzerbruderschaft 1614–1616*. Amsterdam 1988, S. 143–151. Gerhard Wehr: *Christian Rosenkreuz*, S. 88, hebt hervor, dass Andreae gerade auch auf die Symbolik von Rose und Kreuz für sein neues Projekt keineswegs verzichten möchte.

[20] J. V. Andreae: *Turris Babel*, zit. nach Gottfried Arnolds *Unparteiischer Kirchen- und Ketzerhistorie* bei: Gerhard Wehr: *Esoterisches Christentum*. 2. Aufl., Stuttgart 1995, S. 258.

[21] Vgl. F. A. Yates: *Aufklärung im Zeichen des Rosenkreuzes*, S. 162,

sowie R. v. Dülmen: *Die Utopie einer christlichen* Gesellschaft, S. 144: Biographisch erwuchs die *Christliche Gesellschaft* Andreaes aus der »Fiktion einer Rosenkreuzerbruderschaft«.

22 Ernst Bloch: *Das Prinzip Hoffnung*. Frankfurt am Main 1968, S. 743.

23 F. A. Yates: *Aufklärung im Zeichen des Rosenkreuzes*, S. 156.

24 J. V. Andreae: *Reipublicae Christianopolitanae Descriptio*. Argentorati: Zetzner 1619. Deutsche Ausgabe: J. V. Andreae: *Christianopolis*, hrsg. v. Wolfgang Biesterfeld, Stuttgart 1975, S. 22.

25 F. A. Yates : *Aufklärung im Zeichen des Rosenkreuzes*, S. 136. Im Folgenden weist Yates auf verblüffende Parallelen hin; vgl. S. 190.

26 Vgl. R. Schlögl: »Von der Weisheit zur Esoterik«, a. a. O., S. 67.

27 Vgl. dazu Otto Betz: *Licht vom unerschaffnen Lichte. Die kabbalistische Lehrtafel der Prinzessin Antonia in Bad Teinach*. 2. Aufl., Metzingen 2000, S. 10f.

28 R. v. Dülmen: *Die Utopie einer christlichen Gesellschaft*, S. 158.

29 Als deren Vorform kann man die von Andreae 1628 in Calw gegründete *Unio Christiana* betrachten (R. v. Dülmen: a. a. O., S. 158; 163). Zur Berufung August Hermann Franckes und Philipp Jakob Speners, der Väter des Pietismus, auf Andreae vgl. Richard van Dülmen: »Andreae, Johann Valentin«, in: *Theologische Realenzyklopädie* (TRE) Bd. 2, Berlin/New York 1978, S. 683.

30 R. Schlögl: »Von der Weisheit zur Esoterik«, a.a.O., S. 67, unter Bezug auf Florentinus de Valentia (= Daniel Mögling): *Jhesus Nobis Omnia! Rosa Florescens, contra F. G. Menapii calumnias. Das ist: Kurtzer Bericht und Widerantwort, auff die sub dato 3 Junii 1617 ex agro Norico in Latein, und dann folgendes 15 Juli obgedachtes Jahrs Teutsch publicirte unbedachte calumnias, F. G. Menapii, Wider die Rosencreutzische Societet*. O. O., o. J. [1617], o. O., o. J. [1618].

31 Näheres dazu bei G. Wehr: *Esoterisches Christentum*, S. 207ff.

32 R. Edighoffer: *Die Rosenkreuzer*, S. 13, unter Bezug auf Robert Fludds *Tractatus Apologeticus Integritatem Societatis de Rosae Cruce defendens* (1617).

33 W. Sparn, zit. nach Karl Ernst Nipkow: »Comenius, Johann Amos«, in: *Religion in Geschichte und Gegenwart* (RGG) Bd. II, 4. Aufl., Tübingen 1999, Sp. 427.

34 F. A. Yates: *Aufklärung im Zeichen des Rosenkreuzes*, S.178.

35 C. Gilly: »Comenius und die Rosenkreuzer«, a.a.O., S. 90 Anm. 9.

36 Brief aus dem Jahr 1656, zit. bei M. Neugebauer-Wölk: »›Höhere Vernunft‹ und ›höheres Wissen‹ als Leitbegriffe in der esoterischen Gesellschaftsbewegung«, a. a. O., S. 183 Anm. 69.

37 Zit. bei C. Gilly: »Comenius und die Rosenkreuzer«, a. a. O., S. 88.

38 J. A. Comenius: *Via lucis*, zit. bei F. A. Yates: *Aufklärung im Zeichen des Rosenkreuzes*, S. 244. Mit diesem Zitat aus *Via lucis* – Comeni-

us' »Fama Fraternitatis« – beschließt Yates zugleich ihre glänzende Darstellung der »rosenkreuzerischen Aufklärung«.

39 F. A. Yates: *Aufklärung im Zeichen des Rosenkreuzes*, S. 201 (Hervorhebung H.-J. R.).

40 Dies. a.a.O., S. 60.

41 Vgl. Harry Wells Fogarty: »Rosicrucians«, in: Mircea Eliade (Hrsg.): *The Encyclopedia of Religion* Bd. XI, New York 1993, S. 476. S. a. F. A. Yates: *Aufklärung im Zeichen des Rosenkreuzes*, S.101.

42 R. Edighoffer: *Die Rosenkreuzer*, S. 97.

43 Nach R. Edighoffer, a.a.O., S. 100.

44 Erstmals 1710 in einem Buchtitel des schlesischen Predigers Samuel Richter (Sincerus Renatus) wird das alchemistische Symbol *Gold* mit dem Symbol des *Rosenkreuzes* in Verbindung gebracht. Vgl. Max Kerner/Beate Wunsch (Hrsg.): *Welt als Rätsel und Geheimnis? Studien und Materialien zu Umberto Ecos Foucaultschem Pendel.* Frankfurt am Main u.a. 1996, S. 267.

45 Hans-Joachim Neumann: *Friedrich Wilhelm II. Preußen unter den Rosenkreuzern*. Berlin 1997, S. 151.

46 Ders. a.a.O., S. 122. 163f. S. a. Hans H. Siewert: *Im Zeichen von Kreuz und Rose. Zur Geschichte der Rosenkreuzer*. Bd. I, hrsg. von C. Zerling, Berlin 1996, S. 133.

47 *Das Wöllnerische Religionsedikt*. Habilitationsschrift Dr. Udo Krolzik. Eingereicht bei der Fakultät für Theologie der Universität Hamburg Oktober 1998, Kap. 3, Seite 21, zit. nach http://fachpublikation.de/Dokumente/01/02/03021/html.

48 Theodor Fontane: *Wanderungen durch die Mark Brandenburg. Dritter Teil: Havelland.* München 1994, S. 307.

49 Ders. a.a.O., S. 287.

50 Ders. a.a.O., S. 306.

51 Zit. nach Hans-Joachim Schoeps: *Preußen. Geschichte eines Staates.* Frankfurt am Main/Berlin 1981, S. 102.

52 R. Schlögl: »Von der Weisheit zur Esoterik«, S. 80.

53 Rudolf Steiner: »Das rosenkreuzerische Christentum« (Zwei Vorträge in Neuchâtel, 1911), in: Ders.: *Das esoterische Christentum und die geistige Führung der Menschheit* (= GA 130), zit. bei Hannelore Schilling: *Im Zeichen von Rose und Kreuz*. Stuttgart 1977, S. 17.

54 Rudolf Steiner: *Theosophie und Rosenkreuzertum* (Vierzehn Vorträge in Kassel, 1907), in: Ders.: *Menschheitsentwickelung und Christus-Erkenntnis* (= GA 100), zit. bei H. Schilling, a.a.O., S. 17 (dort auch weitere diesbezügliche Steiner-Zitate).

55 Rudolf Steiner: *Das Johannes-Evangelium* (Zwölf Vorträge in Hamburg, 1908 (= GA 103). 10. Aufl., Dornach 1985, S. 190.

[56] Gerhard Wehr: *Rudolf Steiner.* München 1987, S. 237.

[57] Maria Carlson: »*No Religion Higher Than Truth.*« *A History of the Theosophical Movement in Russia, 1875–1922.* Princeton, New Jersey 1993, S. 92.

[58] Nikolaj Berdjaev: *Samopoznanie (Opyt filosofskoj avtobiografii)* (Selbsterkenntnis. Versuch einer philosophischen Autobiographie). Paris 1949, S. 204–209.

[59] K. O. Schmidt: *Was ist Theosophie? Wesen und Mystik der Theosophie. Ein Franz-Hartmann-Brevier.* 2. Aufl., Ergolding 1990, S. 109f.

[60] Massimo Introvigne: *Il cappello del mago. I nuovi movimenti magici dallo spiritismo al satanismo.* Mailand 1990, S. 35.

[61] Harald Lamprecht: *Neue Rosenkreuzer. Ein Handbuch* (= Kirche – Konfession – Religion Bd. 45). Göttingen 2004, S. 77.

[62] M. Introvigne, a.a.O., S. 10; 141f.

[63] John Symonds: *Aleister Crowley – Das Tier 666.* München 1997, S. 43.

[64] Nach Wolfram Frietsch: *Die Geheimnisse der Rosenkreuzer. Ein westlicher Einweihungsweg.* Reinbek bei Hamburg 1999, S. 309. S. dazu auch M. Introvigne, a.a.O., S. 258–263.

[65] M. Introvigne, a.a.O., S. 260.

[66] J. Symonds, a.a.O., S. 61.

[67] Ders. a.a.O., S. 64–66.

[68] Brief von W. B. Yeats an Lady Gregory vom 25. 4. 1900, zit. bei J. Symonds, a.a.O., S. 68.

[69] Zu Crowleys Rolle im *Golden Dawn* ausführlich: J. Symonds, a.a.O., S. 38–81. Eine Abbildung auf S. 47 zeigt Crowley in einer Robe mit Rosenkreuz.

[70] http://www.golden-dawn.com/temple/index (2004).

[71] Vgl. J. Symonds, a.a.O., S. 45.

[72] Neuauflage: *Die Weltanschauung der Rosenkreuzer oder mystisches Christentum.* 3. Aufl., Darmstadt 1991.

[73] Max Heindel: *Die Weltanschauung der Rosenkreuzer*, S. 548, zit. nach H. Lamprecht, a.a.O., S. 243f.

[74] M. Heindel: *Die Weltanschauung der Rosenkreuzer,* zit. nach H. Schilling, a.a.O., S. 28.

[75] Ders., zit. nach H. Schilling a.a.O.

[76] A.A.O.R.R.A.C.: *Pansophisch-gnostische Riten III. Opus Hermeticum* (Hrsg.: Arbeitsgemeinschaft für Religions- und Weltanschauungsfragen, Hiram-Edition 2). O.O. 1977, S. 5; 9.

[77] Nach W. Frietsch, a.a.O., S. 314: »Air de l'Ordre«, »Air du Grand Maître« und »Air du Grand Prieur«.

[78] G. F. Hartlaub: »Symbolismus III. Kunstgeschichtlich«, in: *Die Religion in Geschichte und Gegenwart* (RGG), Bd. 6, 3. Aufl., Tübingen 1962, Sp. 553.

79 Zit. bei H. Schilling: *Im Zeichen von Rose und Kreuz*, S. 26.

80 A.M.O.R.C. (Hrsg.): *Fragen und Antworten.* Baden-Baden 1998, S. 81; 94f; 121f.

81 Zum Ablauf einer solchen Versammlung vgl. *Handbuch Religiöse Gemeinschaften und Weltanschauungen*, hrsg. von Horst Reller, Hans Krech, Matthias Kleiminger, 5. Aufl., Gütersloh 2000, S. 621f.

82 Nach Horst E. Miers: *Lexikon des Geheimwissens*, 6. Aufl., München 1986, S. 445; 238.

83 A.M.O.R.C./Wilhelm Raab: *Das Rosenkreuzertum heute.* (Skript zum Vortrag von Wilhelm Raab, Großmeister des A.M.O.R.C., gehalten am 31. Okt. 1993 im Bernhard-Theater Zürich). Baden-Baden 1994, S. 14. Vgl. A.M.O.R.C. (Hrsg.): *Fragen und Antworten*, S. 131.

84 H. Lamprecht: *Neue Rosenkreuzer*, S. 145, unter Bezug auf zwei Bücher von H. S. Lewis über Jesus; A.M.O.R.C. (Hrsg.): *Fragen und Antworten*, S. 37.

85 http://www.lectoriumrosicrucianum.org (2001).

86 Vgl. Harald Lamprecht: »Die neue Gnosis im Zeichen des Rosenkreuzes. Ausbreitung und Wirken des Lectorium Rosicrucianum«, in: *Materialdienst der EZW* 3/2001, S. 84–90.

87 Videokassette, zit. bei Jean-François Mayer: *Der Sonnentempel. Die Tragödie einer Sekte.* Freiburg/Schweiz 1998, S. 11.

88 Zit. bei J.-F. Mayer, a.a.O., S. 103.

89 R. van Dülmen: »Einleitung«, in: J. V. Andreae: *Fama Fraternitatis u. a.*, S. 12.

90 R. Edighoffer: *Die Rosenkreuzer*, S. 138.

91 G. Wehr: *Christian Rosenkreuz*, S. 94.

92 Zit. nach Paul Scheurlen: *Luther unser Hausfreund.* Stuttgart 1947, S. 184.

93 Vgl. Donald Ahrens: *Die Wittenbergisch Nachtigall.* Bergisch Gladbach 1982, S. 202.

94 R. Edighoffer, a.a.O., S. 136.

95 Zit. bei G. Wehr: *Esoterisches Christentum*, S. 271f.

96 F. A. Yates: *Aufklärung im Zeichen des Rosenkreuzes*, S. 241.

97 R. Edighoffer, a.a.O., S. 114. Auch Goethes symbolische Fabel *Das Märchen* und vor allem der II. Teil des *Faust* weisen nach Edighoffer zahlreiche Ähnlichkeiten und Berührungspunkte mit Andreaes *Chymischer Hochzeit: Christiani Rosencreutz* auf (S. 115). Ein »Andreae-Fan« war auch Johann Gottfried Herder, der bei seinen Nachforschungen zu Andreaes Schriften in der Wolfenbütteler *Herzog August Bibliothek* von Lessing unterstützt wurde.

98 R. van Dülmen: *Die Utopie einer christlichen Gesellschaft*, S. 13.

99 E. Bloch: *Das Prinzip Hoffnung*, S. 744f; zu Andreaes *Chymischer Hochzeit: Christiani Rosencreutz* insgesamt: S. 740ff.

[100] Speziell zum Wissenschaftsdiskurs im historischen Rosenkreuzerdiskurs s. R. Schlögl: »Von der Weisheit zur Esoterik«, a.a.O., S. 62ff.

[101] S. o. S. 14 den Rosenkreuzer-Spruch der *Fama*, der die Gottebenbildlichkeit und die Verwiesenheit des endlichen Menschen auf den unendlichen Gott trinitarisch begründet: »Aus Gott sind wir geboren, in Jesus sterben wir, durch den Heiligen Geist werden wir wiedergeboren.«

[102] Zur »Drei-Bücher-Lehre« bei Paracelsus vgl. R. van Dülmen: *Die Utopie einer christlichen Gesellschaft*, S. 52; zur entsprechenden Lehre bei Comenius vgl. C. Gilly: »Comenius und die Rosenkreuzer«, a.a.O., S. 96f. Mit *liber scripturae*, *liber conscientiae* und *liber naturae* sind auch das erste, dritte und vierte Buch von Johann Arndts *Vier Bücher vom wahrem Christentum* überschrieben.

ZEITTAFEL

»1387«	Fiktives Geburtsjahr des legendären Christian Rosencreutz
1483	Geburt Martin Luthers († 1546)
»1484«	Fiktives Sterbejahr von Christian Rosenkreutz
1493	Geburt von Paracelsus († 1541)
1540	Bestätigung des Jesuitenordens durch Papst Paul III.
1556	Beginn der Renaissance-Bauten des Heidelberger Schlosses: Ottheinrichsbau 1556–59, Friedrichsbau 1601–04
1561	Geburt Francis Bacons († 1626)
1562	Hugenottenkriege in Frankreich (bis 1598)
1564	Geburt Galileo Galileis († 1642) Tod Michelangelos in Rom Einführung des *Index verbotener Bücher*
1571	Geburt Johannes Keplers († 1630)
1575	Geburt Jakob Böhmes († 1624)
1576	Rudolf II. römisch-deutscher Kaiser (bis 1612)
1582	Kalenderreform Papst Gregors XIII.
1586	Geburt Johann Valentin Andreaes († 1654)
1592	Geburt von Johann Amos Comenius († 1670)
1600	Giordano Bruno in Rom verbrannt
1601	Studium J. V. Andreaes in Tübingen Tübinger Kreis um Tobias Hess und Christoph Besold
1602/04	Galileis Fall-Gesetze
1603	Jakob I., Sohn Maria Stuarts und Schwiegervater Kurfürst Friedrichs V. von der Pfalz, König von England (bis 1625)
»1604«	Legendäre Öffnung des Grabgewölbes von Christian Rosencreutz

1604 Neue Rezeptionsphase der Werke des Paracelsus

1605/09 Johann Arndts *Vier Bücher vom wahren Christentum*

1606 J. Keplers *De Stella Nova*

1609 Erstes und zweites Keplersches Gesetz der Planetenbewegung

1612 Adam Haslmayrs *Antwort an die lobwürdige Brüderschafft der Theosophen von Rosen-Creutz R. C.*

1613 Vermählung des Führers der Protestantischen Union, Kurfürst Friedrichs V. von der Pfalz, mit Prinzessin Elisabeth, Tochter König Jakobs I. von England

1614 Veröffentlichung des ersten Rosenkreuzer-Manifestes: *Fama Fraternitatis* (»Kunde der Bruderschaft«)

1615 *Confessio Fraternitatis* (»Bekenntnis der Bruderschaft«)

1616 *Chymische Hochzeit: Christiani Rosencreütz. Anno 1459*

1618 Prager Fenstersturz: Beginn des Dreißigjährigen Kriegs

Speculum sophicum Rhodostauroticum (»Rosenkreuzerischer Weisheitsspiegel«) von Daniel Mögling (Theophilus Schweighardt)

1619 Ferdinand II. römisch-deutscher Kaiser

Annahme der Böhmischen Königskrone durch Kurfürst Friedrich V. von der Pfalz

J. Keplers *Harmonia Mundi*

Drittes Keplersches Gesetz

J. V. Andreaes *Christianopolis*

René Descartes (1596–1650) forscht in Süddeutschland nach den Rosenkreuzern

1620 Niederlage Kurfürst Friedrichs V. von der Pfalz (der »Winterkönig«) in der Schlacht am Weißen Berg gegen die Katholische Liga

F. Bacons *Novum Organon Scientiarum*

1623 Tommaso Campanellas *Civitas Solis* (»Der Sonnenstaat«)

1627 F. Bacons *Nova Atlantis* (»Neu-Atlantis«)

1631 J. A. Comenius' *Labyrinth der Welt*

1641 J. A. Comenius' *Via Lucis* (»Der Weg des Lichts«)

1652 Veröffentlichung der Rosenkreuzer-Manifeste in englischer Übersetzung durch Thomas Vaughn (Eugenius Philaletes): *The Fame and Confession of the Fraternity of R. C.*

1660 Gründung der *Royal Society* in London

1710 Erstmalige Verwendung des Namens »Gold- und Rosenkreuzer« in der Schrift *Die wahrhaffte und vollkommene Bereitung des philosophischen Steins der Bruderschaft aus dem Orden des Gülden- und Rosenkreutzes* von Samuel Richter (Sincerus Renatus).

1717 Historischer Beginn der modernen Freimaurerei durch den Zusammenschluss von vier Londoner Freimaurer-Logen zur ersten Großloge der Welt

1723 Veröffentlichung der *Alten Pflichten* als seitdem maßgeblicher Konstitution der Freimaurer

1757 Wahrscheinliches Gründungsjahr des ersten historisch nachweisbaren Rosenkreuzerordens der *Gold- und Rosenkreuzer*

1776 *Orden der Illuminaten*

1777 Einführung des *Ordens der Gold- und Rosenkreuzer alten Systems* innerhalb der Berliner Freimaurer-Loge *Zu den drei Weltkugeln*

1781 Der Thronfolger und spätere König Friedrich Wilhelm II. von Preußen wird Mitglied des *Ordens der Gold- und Rosenkreuzer*

1782 Großlogen-Konvent von Wilhelmsbad

1787 »Silanum« für die Berliner *Gold- und Rosenkreuzer*

1810 Geburt Alphonse Louis Constants (= Eliphas Lévi; † 1875)
1831 Geburt Helena Blavatskys († 1891)
1838 Geburt Franz Hartmanns († 1912)
1842 *Zanoni* von Lord E. G. Bulwer-Lytton
1856 Geburt von Samuel Liddell Mathers († 1918)
1861 Geburt Rudolf Steiners († 1925)
1865 *Societas Rosicruciana in Anglia (SRiA)*
Geburt Carl Louis Frederik Graßhoffs (= Max Heindel; † 1919)
1875 Gründung der *Theosophical Society (Theosophische Gesellschaft)* in New York
1883 Geburt Harvey Spencer Lewis († 1939)
1887 *The Real History of the Rosicrusians* von A. E. Waite
1888 *Hermetic Order of the Golden Dawn*
L'Ordre Kabbalistique de la Rose-Croix
1890 *L'Ordre de la Rose Croix Catholique, du Temple et du Graal*
1893 *Salons de la Rose-Croix* in Paris
Ein Abenteuer unter den Rosenkreuzern von Franz Hartmann
1896 Geburt Jan Leenes (= Jan van Rijckenborgh; † 1968)
1907 Rudolf Steiners Münchner Vortragszyklus über »Die Theosophie des Rosenkreuzers«
Moderne Rosenkreuzer von G. W. Surya
1909 *The Rosicrucian Fellowship* (*Die Rosenkreuzer-Gemeinschaft*)
The Rosicrucian Cosmo-Conception (*Die Weltanschauung der Rosenkreuzer*) von Max Heindel
1913 *Anthroposophische Gesellschaft*
1915 *Ancient Mystical Order of the Rosy Cross (AMORC)*
1925 *Der Talisman des Rosenkreuzers* von Rudolf von Sebottendorf

1935	Abspaltung der Gruppe um Jan Leene von der niederländischen Abteilung der *Rosicrucian Fellowship* – seit 1946: *Lectorium Rosicrucianum*
1937	*The Golden Dawn* von Israel Regardie
1952	*Antiquus Arcanus Ordo Rosae Rubeae Aureae Crucis (AAORRAC)*
1957	Gründung der *Bibliotheca Philosophica Hermetica* in Amsterdam durch Joseph R. Ritman
1994	Erstes von drei Massakern unter Anhängern des *Sonnentempler-Ordens* in den Jahren 1994, 1995 und 1997 *Testament des Rosenkreuzes*

LITERATUR

QUELLENTEXTE

A.A.O.R.R.A.C.: *Pansophisch-gnostisches Ritual III. Opus hermeticum* (= Hiram-Edition 21). München 1977. ^{4}1990.

Allen, Paul M. (Hrsg.): *A Christian Rosenkreutz-Anthology*. Blauvelt N.Y. ^{2}1974.

A.M.O.R.C. (Hrsg.): *Der Einweihungsweg der Rosenkreuzer und andere Vorträge, Texte und Aufsätze*. Baden-Baden 1996.

Andreae, Johann Valentin: *Fama Fraternitatis (1614). Confessio Fraternitatis (1615). Chymische Hochzeit: Christiani Rosencreutz. Anno 1459 (1616).* Eingel. u. hrsg. v. Richard van Dülmen (= Quellen und Forschungen zur württembergischen Kirchengeschichte Bd. 6). Stuttgart-Bad Cannstatt 1973. ^{4}1994.

Bulwer-Lytton, Edward: *Zanoni* (1842). 2004.

Fontane, Theodor: *Wanderungen durch die Mark Brandenburg. Dritter Teil: Havelland* (^{2}1880; ^{1}1873: *Ost-Havelland).* München 1994.

Frietsch, Wolfram: *Die Geheimnisse der Rosenkreuzer. Ein westlicher Einweihungsweg*. Reinbek bei Hamburg 1999.

Hartmann, Franz: *Ein Abenteuer unter den Rosenkreuzern* (1893). Calw 1967.

Ders.: *Unter den Adepten und Rosenkreuzern*. Leipzig o. J.

Ders.: *Im Vorhof des Tempels der Weisheit. Enthaltend die Geschichte der wahren und falschen Rosenkreuzer*. Calw ^{2}1980.

Heindel, Max (= Carl Louis Frederik Graßhoff): *Die Weltanschauung der Rosenkreuzer* (1909). Darmstadt ^{3}1991.

Hilarion (= Karl Otto Schmidt): *Bücher des flammenden Herzens Bd. 1–5*. Pfullingen ^{3}1961.

Regardie, Israel (= Israel Regudy): *Das magische System des Golden Dawn Bd. 1–3*. Freiburg i. Br. 1987. ^{3}1996.

Rijckenborgh, Jan van (= Jan Leene): *Elementare Philosophie des modernen Rosenkreuzes* (1950). Haarlem ^{4}1992.

Schmidt, Karl Otto: *Sei du selbst! Der Rosenkreuzerweg zur Selbstverwirklichung*. Engelberg (Schweiz)/München 1976.

Sebottendorf, Rudolf von (= Rudolph Glauer): *Der Talisman der Rosenkreuzer*. Pfullingen 1925.

Steiner, Rudolf: *Die Theosophie des Rosenkreuzers* (1907). Dornach ^{7}1985.

Surya, G. W. (= Demeter Georgievitz-Weitzer): *Moderne Rosenkreuzer oder Die Renaissance der Geheimwissenschaften. Ein okkult-wissenschaftlicher Roman*. Berlin 1907.
Wehr, Gerhard: *Die Bruderschaft der Rosenkreuzer. Esoterische Texte.* München [5]1995 (Diederichs Gelbe Reihe 53).

SEKUNDÄRLITERATUR

Beyer, Bernhard: *Das Lehrsystem des Ordens der Gold- und Rosenkreuzer.* München [2]1978.
Bibliotheca Philosophica Hermetica (Hrsg.): *Das Erbe des Christian Rosenkreuz. Johann Valentin Andreae 1586–1986 und die Manifeste der Rosenkreuzerbruderschaft*. Amsterdam 1988.
Dies. (Hrsg.): *Rosenkreuz als europäisches Phänomen im 17. Jahrhundert.* Amsterdam/Stuttgart 2002.
Dülmen, Richard van: *Die Utopie einer christlichen Gesellschaft. Johann Valentin Andreae (1586–1654). Bd. 1.* Stuttgart-Bad Cannstatt 1978.
Edighoffer, Roland: *Die Rosenkreuzer.* München 1995. [2]2002.
Gilly, Carlos: »Comenius und die Rosenkreuzer«, in: Neugebauer-Wölk, Monika (Hrsg.): *Aufklärung und Esoterik* (= Studien zum 18. Jahrhundert, Bd. 24). Hamburg 1999, S. 87–107.
Hauf, Monika: *Der Mythos der Rosenkreuzer.* Stuttgart 2000.
Introvigne, Massimo: *Il cappello del mago. I nuovi movimenti magici dallo spiritismo al satanismo*. Mailand 1990.
Kerner, Max/Wünsch,Beate (Hrsg.): *Welt als Rätsel und Geheimnis? Studien und Materialien zu Umberto Ecos Foucaultschem Pendel.* Frankfurt am Main u. a. 1996.
Lamprecht, Harald: *Neue Rosenkreuzer. Ein Handbuch* (= Kirche – Konfession – Religion Bd. 45). Göttingen 2004.
Ders.: *Magier und Rosenkreuzer. Hermetic Order of the Golden Dawn und Ordo Templi Orientis als Protagonisten abendländischer Magie* (= EZW-Texte 175). Berlin 2004.
Mayer, Jean-François: »Tödliche Hoffnung. Endzeiterwartung im Orden des Sonnentempels«, in: Gasper, Hans / Valentin, Friederike (Hrsg.): *Endzeitfieber. Apokalyptiker, Untergangspropheten, Endzeitsekten.* Freiburg i. Br. 1997, S. 131–152.
Ders.: *Der Sonnentempel. Die Tragödie einer Sekte.* Freiburg (Schweiz) 1998.
Möller, Horst: »Die Bruderschaft der Gold- und Rosenkreuzer. Struktur, Zielsetzung und Wirkung einer anti-aufklärerischen Geheimgesellschaft«, in: Reinalter, Helmut (Hrsg.): *Freimaurer und Geheimbünde.* Frankfurt am Main 1983, S. 199–239.
Neumann, Hans-Joachim: *Friedrich-Wilhelm II. Preußen unter den Rosenkreuzern.* Berlin 1997.

Peuckert, Will-Erich: *Die Rosenkreuzer. Zur Geschichte einer Reformation.* Jena 1928. Neuausgabe: Berlin 1973.

Reller, Horst/Krech, Hans/Kleiminger, Matthias (Hrsg.): *Handbuch Religiöse Gemeinschaften und Weltanschauungen.* Gütersloh [5]2000, S. 606–627.

Schilling, Hannelore: *Im Zeichen von Rose und Kreuz. Historische und moderne Rosenkreuzer* (= Information Nr. 71, hrsg. von der Ev. Zentralstelle für Weltanschauungsfragen). Stuttgart 1977.

Schlögl, Rudolf: »Von der Weisheit zur Esoterik. Themen und Paradoxien im frühen Rosenkreuzerdiskurs«, in: Neugebauer-Wölk, Monika (Hrsg.): *Aufklärung und Esoterik.* Hamburg 1999, S. 53–86.

Wehr, Gerhard: *Christian Rosenkreuz: Urbild und Inspiration neuzeitlicher Esoterik.* Freiburg i. Br. 1980.

Ders.: *Esoterisches Christentum. Von der Antike bis zur Gegenwart.* Völlig überarb. Neuaufl. Stuttgart 1995.

Yates, Frances Amelia: *Aufklärung im Zeichen des Rosenkreuzes.* Stuttgart 1975. [2]1997.

DER AUTOR

Hans-Jürgen Ruppert, geboren 1945, Dr. theol., war nach dem Studium der Theologie und der osteuropäischen Geschichte und Philosophie in Frankfurt am Main, Mainz, Tübingen und Rom Wissenschaftlicher Assistent am Ökumenischen Institut der Universität Heidelberg und Referent für Fragen der Esoterik an der Evangelischen Zentralstelle für Weltanschauungsfragen (EZW) in Berlin. Er arbeitet zur Zeit an einem Forschungsprojekt der Universität der Bundeswehr München zum esoterischen Menschenbild.

REGISTER